A MÍDIA SOCIAL PARA NEGÓCIOS É A NOVA E GRANDE OPORTUNIDADE DE FAZER NEGÓCIOS.

JEFFREY GITOMER

Mídia social não é apenas a liberdade de expressão. Mídia social é liberdade de pensamento e liberdade de expressão.

JEFFREY GITOMER

BOOM de MÍDIAS SOCIAIS

JEFFREY GITOMER

M.Books do Brasil Editora Ltda.

Rua Jorge Americano, 61 - Alto da Lapa
05083-130 - São Paulo - SP - Telefones: (11) 3645-0409/(11) 3645-0410
Fax: (11) 3832-0335 - e-mail: vendas@mbooks.com.br
www.mbooks.com.br

Dados de Catalogação na Publicação

Gitomer, Jeffrey
Boom de Mídias Sociais / Jeffrey Gitomer

2012 – São Paulo – M.Books do Brasil Ltda.

1. Mídias Sociais   2. Vendas   3. Marketing

ISBN: 978-85-7680-125-2

Do original: Social BOOM! – How to master business social media to brand yourself, sell yourself, sell your product, dominate your industry market, save your butt, rake in the cash, and grind your competition into the dirt – by the Global Authority on Sales, Attitude, Trust, and Loyalty

Original publicado pela Pearson Education
ISBN original: 978-0-13-268605-1

© by Jeffrey Gitomer
© 2012 M.Books do Brasil Editora Ltda. Todos os direitos reservados. Proibida a reprodução total ou parcial. Os infratores serão punidos na forma da lei.

Editor: Milton Mira de Assumpção Filho
Tradução: R. Brian Taylor e Maria Thereza Taylor
Produção Editorial: Beatriz Simões Araújo
Coordenação Gráfica: Silas Camargo
Editoração: Crontec (sob projeto original de Michael Wolff)
Design da Capa: Crontec (sob projeto original de Josh Gitomer)

A Oportunidade da Mídia Social para Negócios

A mídia social tornou-se um fenômeno que vai além de palavras. Centenas de milhões de pessoas no mundo todo se juntaram ao grupo. Em um milésimo de segundo, milhões de pessoas conseguem saber tudo sobre tudo e todos.

Você sabia que não demoraria muito para as empresas se envolverem. Pequenas empresas, grandes empresas, sua empresa.

Eu tenho 65 anos de idade. Já vi muitas oportunidades virem e irem. Também vi a evolução completa do computador e a evolução completa da internet. Mas eu nunca tinha visto, ou teria imaginado, uma oportunidade tão grande quanto a mídia social para negócios. A melhor parte é que ela está apenas começando.

Agora é a hora de aproveitar esta oportunidade de baixo custo (muitas vezes, sem custo), global e local.

Quando as empresas como a Procter & Gamble, Dell, Apple, IBM, Microsoft, Zappos e Amazon.com mergulharam de cabeça no processo, pode ter certeza de que há muita oportunidade e muito espaço para você fazer o mesmo.

A MÍDIA SOCIAL PARA NEGÓCIOS REQUER UM INVESTIMENTO: Seu tempo.

Você deve estar disposto a alocar uma hora por dia para construir sua rede de relacionamentos. Quando o fizer, e fizer da maneira correta, as recompensas serão imensuráveis. Você se reconectará com associados comerciais e atrairá pessoas e clientes prospectivos para que se conectem contigo mil vezes mais rapidamente e dez mil vezes melhor do que fazer a centenária chamada fria.

A mídia social para negócios é a nova oportunidade.

Você fará vendas, criará clientes leais e lucrará com sua habilidade de se expor, expor seus pensamentos, suas experiências, suas interações e seu valor para o mercado ao seu redor e o mercado ao redor do mundo.

AVISO: Ao ver os resultados, você se xingará por não ter começado antes. Transforme esta energia em ação. A mídia social para negócios ainda é nova. Ainda tem bastante tempo. Comprometa-se em se envolver, decida fazê-lo com valor, procure manter este compromisso até ganhar e colha as recompensas tanto em reputação quanto em lucro.

Prepare-se para surfar na onda da mídia social. Ela é grande. Talvez seja a maior que tem.

NOTA: Não estou escrevendo este livro sozinho. *Nem pensar.* Contratei a sabedoria de outras pessoas. Mais especificamente: Sally Hogshead, Mitch Joel, Richard Brasser, Joe Soto, Noah Rickun, Mike O'Neal e Lori Ruff, Sandy Carter, Mark Schaefer, Chris Hamilton, Julien Smith, Andy Sernovitz e Shar Govindan. Quero reconhecê-los e agradecê-los.

O líder mundial e especialista da mídia social para negócios ainda emergirá. Certamente não sou eu. MAS estou provando que posso ter bastante sucesso no processo, e é por isso que compartilho com vocês minhas estratégias e o que eu acredito ser verdadeiro.

Isso Não é um Livro.

Tudo bem! Tudo bem! É um livro. MAS... *BOOM de Mídias Sociais!* também é um guia de "como fazer" e "o que fazer" para implementar sua presença no Facebook, LinkedIn, Twitter e YouTube para desenvolver um plano de ação da mídia social para negócios.

Este é um guia passo a passo, de ponto de vista em ponto de vista, que examina as quatro plataformas da mídia social de uma maneira nova – do todo para ideias e estratégias implementáveis que desenvolverão sua atração, seu envolvimento e suas conexões com clientes comerciais, prospectos e contatos valiosos.

O *BOOM de Mídias Sociais!* revela os elementos que criam a atração social e a comercial ao descrever os aspectos necessários para construir e executar um alcance do mercado total. Cada um desses elementos será resumido de maneira a fazer com que seja compreensível como seu *blog*, revista eletrônica (e-zine), *site* pessoal na internet, artigos, palestras e outros atos de valor criam energia e atração de volta para seus pontos de vendas da mídia social para negócios.

O *BOOM de Mídias Sociais!* te inspira a desenvolver sua marca, sua classificação no Google e sua reputação como uma pessoa de valor e uma empresa de valor.

OPORTUNIDADE-CHAVE: Crie seu próprio BOOM de Mídias Sociais! ao atrair clientes e desenvolver sua marca pessoal e comercial.

ENTENDIMENTO-CHAVE: LinkedIn, Facebook, Twitter e YouTube não são opções. TODOS devem ser usados ou o BOOM! nunca acontecerá, muito menos satisfará suas expectativas.

INGREDIENTE-CHAVE: Seu trabalho árduo e a alocação de UMA HORA POR DIA, *uma vez que sua presença tenha sido estabelecida.*

Onde a Mídia Social É Tão Social? Quão Social É Você?

Tudo começou como um montinho de folhas. Um pouco de Facebook aqui e lá – um ou outro *blog*. De repente, começou a ventar. LinkedIn, Twitter, YouTube. De uma ventania, passou a ser uma tempestade, e a mídia social é hoje um tornado descontrolado passando pela planície da internet.

Quão social é você?

Quão sério você é sobre a mídia social?

REALIDADE: Você não pode ignorá-la. Centenas de milhões de pessoas estão envolvidas até agora, e ela tem apenas poucos anos de idade.

Tentei ignorá-la por um tempo, mas
logo se tornou aparente que esta era a nova,
nova onda – aproximadamente dois anos atrás eu me
tornei um participante.

Eu admito que tenho uma vantagem.

Tenho muitos leitores e seguidores que estão interessados no que eu tenho a dizer e querem saber qual é minha opinião imediata. Essas são duas das vantagens da mídia social. Ela é imediata e informativa.

Ela também é divertida! É por isso que o Facebook e o YouTube valem BILHÕES.

As principais redes na mídia social estão crescendo rapidamente:

- **A rede social para aqueles em crescimento e os crescidos é o Facebook – vale bilhões.**
- **Para ficar conectado e em rede com pessoas de negócios é o LinkedIn – vale bilhões.**
- **Se quiser dizer algumas palavras, 140 caracteres enviados para milhares em um segundo, é o Twitter – vale bilhões.**
- **Para vídeos é o YouTube – vale bilhões.**
- **Para postar fotos é o Flickr – vale bilhões.**
- **E para aquela mensagem particular, existem os torpedos – é fácil para mim – eu tenho um iPhone (não tem preço).**

Isso é apenas uma mostra parcial. Tem mais...

- **Para expressões individuais, existem os *blogs* – onde as pessoas que você atrai podem se inscrever e se conectar às suas outras páginas de mídia social.**
- **Para fins cronológicos, há a Wikipedia – vale bilhões.**
- **E, é claro, há o seu *site* pessoal e seu *site* de negócios. Não tem preço.**

Todas essas mídias são, ou tentam ser, socialmente envolventes – complexas, por assim dizer. Todas elas são, ou tentam ser, repassadas para os outros –, virais, por assim dizer. Em outras palavras, se você tuitar, você é suficientemente bom ou ruim para ser retuitado?

AQUI ESTÃO AS BOAS NOVAS: Tudo que você faz na mídia social é documentado no Google. E essas documentações afetam sua classificação de maneira positiva.

Eu tive o sério compromisso de "socializar" ao expor mais do meu ego pessoal, e meu ego para negócios, pela mídia social. Mantenho minha filosofia baseada no valor, mas com a mídia social para negócios. Posso personalizá-

-la, e humanizá-la, a ponto de outras pessoas serem atraídas para ela, se beneficiarem dela e queiram passá-la para outras pessoas.

Eu sou social para negócios e viral ao mesmo tempo.

Então, o que isso significa para você?
Qual é a oportunidade para você e por você?
Por que você deveria se envolver?

A mídia social é uma oportunidade, uma nova fronteira, um espaço no espaço cibernético que lhe proporciona um lugar individual para brincar, desenvolve a percepção de você e para você, te qualifica, e da qual você pode potencialmente lucrar.

Você precisa se perguntar...

- **Onde está o lucro?**
- **Onde está a diversão?**
- **Qual é o valor? Para os outros e para você mesmo.**
- **E como – se desejado – você o monetiza?**

NOTÍCIAS RUINS: A menos que você seja uma das poucas pessoas na posição de proprietário ou fundador dessas mídias sociais, suas oportunidades para monetização são, no momento, limitadas – apesar das várias alegações pelos "peritos".

Assim, aqui está o que eu recomendo para seguir em frente e se posicionar, de forma que sua oportunidade – seja em termos sociais, comerciais, de diversão ou monetários – possa ser realizada:

- **Registre-se.**
- **Faça uma conta em cada um dos principais *sites*.**
- **Poste algo.**
- **Tuite algo.**
- **Conecte-se com alguém.**
- **Faça você mesmo.**
- **Faça isso todos os dias.**

E, ao atualizar, aprenda tanto quanto conseguir por conta própria.

A mídia social é fluída – ela se movimenta e muda diariamente. É texto, áudio, foto e vídeo. São todas as mídias e todos os segundos. Ela é atual e é constante.

Você já viu uma seção de um *site* que diz "últimas notícias" e, quando você clica nele, a última atualização é de 2004? Nada bom.

A internet é instantânea.
A mídia social é instantânea.
E você precisa estar pronto
para participar consistentemente,
e de maneira significante,
se você quiser ganhar.

Por favor, não espere.

Índice

A Oportunidade da Mídia Social para Negócios 7
Isso Não é um Livro 8
Onde a Mídia Social É Tão Social? Quão Social É Você? 9

OPORTUNIDADE DE BOOM!

A Expansão da Mídia Social Está Aqui e Você Está em Baixa! 16
Revolução Social e sua Evolução 20
Mídia Social – A Nova Chamada Fria. Quer Brincar? 23
Você Está no Mundo da Mídia Social? Ou Está Esperando na Calçada? 25
Convertendo a Mídia Social Pessoal em Mídia Social para Negócios 29
Mídia Social ou Mídia Social PARA NEGÓCIOS? Você Escolhe 31

    Coluna dos visitantes: Nove Maneiras de Fascinar o Peixe Dourado
    Por Sally Hogshead 34

    Coluna dos visitantes: A Mídia Social é Correta para Todos os Negócios?
    Por Mitch Joel 41

    Coluna dos visitantes: A Porta Secreta: Oito Passos e Você Está DENTRO!
    Por Richard Brasser 46

O BOOM DO FACEBOOK!

A Diferença entre Mídia Social e Mídia Social para Negócios no Facebook 55
Ah, Não, Facebook Não! AHHHHHHHHHHHHHH!! 56
O Que Eu Deveria Tuitar? O Que Eu Deveria Postar? Como Eu
Deveria *Linkar*? 59
Começar sua Própria Página de Negócios no Facebook 63

O BOOM DO LINKEDIN!

A Diferença entre Mídia Social e Mídia Social para Negócios no LinkedIn 66

    Coluna dos visitantes: Os Quinze Imperativos do LinkedIn
    Por Joe Soto 69

    Coluna dos visitantes: A Venda é Social. Como Alavancar a Mídia
    Social para Fazer Vendas
    Por Noah Rickun 74

    Coluna dos visitantes: LinkedIn para Qualquer Um e para Todos
    Pelos LinkedIn Rockstars, Mike O'Neil e Lori Ruff 82

O BOOM DO TWITTER!
A Diferença entre Mídia Social e Mídia Social para Negócios no Twitter 87
Eu Tuito, portanto, Eu Sou. Quem Sou Eu? 89
Entendendo o Twitter e o Poder do Retuite 91
Sandy Carter Lidera (socialmente) da Fileira da Frente 95
    Coluna dos visitantes: Bem-vindo à Festa de Coquetel Definitiva
    Por Sally Hogshead 98
    Coluna dos visitantes: Três Coisas que as Empresas Deixam Passar
    totalmente sobre o Twitter
    Por Mark Schaefer 103
    Coluna dos visitantes: As Doze Coisas que Aprendi sobre o Twitter
    Por Chris Hamilton 108
Tuites de Jeffrey Gitomer Relacionados à Mídia Social 111

O BOOM DO YOUTUBE!
A Diferença entre Mídia Social e Mídia Social para Negócios no YouTube 115
    Coluna dos visitantes: Como Ter Sorte no YouTube
    Por Julien Smith 116

A COLA!
BLOG, BLOG, BLOG 123
O Processo de Cola 125
O Poder da sua Revista Eletrônica (e-zine) 127

O BOOM DE MÍDIAS SOCIAIS!
Tem Valor? 130
Socorro, Eu Quero Escrever, Mas Não Sei Como! 133
    Coluna dos visitantes: As Quatro Regras do Marketing de Boca a Boca
    Por Andy Sernovitz 138
    Coluna dos visitantes: Mídia Social para Negócios. Perspectiva de um Carreirista
    Por Shar Govindan 142
Você é um Funcionário ou uma Pessoa? 148
Seu Plano de Ação da Mídia Social para Negócios (Pessoal) 149
Ace of Sales (Ás de Vendas) está Pronto para a Mídia Social 151
Fórmula para o Sucesso da Mídia Social para Negócios: Atrair, Engajar e Conectar Pessoas .. 152
Eu Posso Ajudá-lo pessoalmente em sua Busca pelo BOOM de Mídias Sociais! 155
Este Livro Nunca Vai Acabar 156
Quem é Jeffrey Gitomer? 156
Outros Títulos de Jeffrey Gitomer 159

OPORTUNIDADE DE BOOM!

A Expansão da Mídia Social Está Aqui e Você Está em Baixa!

Toda vez que estou de frente a um público, eu faço duas perguntas:

1. Quantos de vocês têm algum envolvimento com a mídia social? (Quase todos levantam as mãos.)
2. Quantos de vocês gostariam de ser melhores nesta empreitada? (Quase todos levantam as mãos.)

Tenha em mente que essas respostas são de um grupo (supostamente) sofisticado de pessoas.

Todos eles têm *smartphones*; a maioria recebe as atualizações do Facebook em seus celulares, mas, por um motivo ou outro, eles escolheram não entrar no mundo da mídia social *para negócios*. Muitos estão no LinkedIn e têm poucas conexões, quase nenhum deles usa o Twitter e apenas alguns têm seu próprio canal no YouTube.

REALIDADE: Algumas empresas GRANDES entraram com tudo na mídia social, ao passo que outras ainda se encontram com a cabeça enterrada na areia ou estão brincando de EU TAMBÉM, porque acordaram uma manhã e viram a concorrência ganhando terreno por meio da presença proeminente e ativa na mídia social. Ainda assim, outras alegam que os "regulamentos" não permitem que elas se envolvam.

Aqui estão alguns exemplos de grandes empresas que têm tirado GRANDES vantagens da mídia social para negócios:

- A Starbucks pede a opinião dos clientes e solicita suas ideias. (De onde você acha que veio a ideia daqueles *splash-stopper sticks* (vareta antiderramamento)?)
- O Burger King continua deixando que os clientes "façam do seu jeito" on-line com informações e cupons.
- A IBM usa todos os aspectos da mídia social e tem planos para dobrar seus esforços em 2011 ao confiar e encorajar seus funcionários a se envolverem mais em um nível pessoal de negócios com seus clientes.

- A Procter & Gamble tem tudo a ver com o Facebook e substitui os anúncios na TV pela presença na mídia social. (UOU)
- A Ford usa a mídia social como um dispositivo de RP e para obter *feedback* dos consumidores.
- A Comcast envia tuítes com mensagens de ajuda individualizada para o atendimento ao cliente.
- A Zappos (como se eles já dominassem o atendimento ao cliente) envia tuítes sobre suas respostas de serviços, e como resultado recebem MILHARES de mensagens positivas pelo Twitter.

Todas essas empresas, B2B ou B2C, enfatizam a mesma palavra em sua filosofia e seu alcance: COMUNIDADE.

Todas elas reconhecem que seus clientes têm voz e, ao escutarem e responderem a eles, estão descobrindo benefícios e lucros.

Esses NÃO são exemplos isolados – são exemplos típicos de como as grandes empresas estão usando o poder da mídia social para informar, comunicar, servir e vender.

Como você está fazendo? Qual a sua estratégia de "comunidade"? Quem você está ouvindo? A quem você está respondendo?

Você ainda está atendendo o seu telefone e "me servindo melhor" com nove opções? Patético.

Aqui estão 6,5 perguntas DIFÍCEIS elaboradas para te fazer pensar, planejar e agir:

1. O que você está fazendo sobre a oportunidade da mídia social?
2. Como você está atraindo clientes e prospectos?
3. Qual a sua mensagem de valor além das ofertas de produtos?
4. Como você está envolvendo os clientes e prospectos?
5. Como você está se conectando com as pessoas que você envolve?
6. Quais são seus planos para dobrar a mídia social?
6,5. Quais políticas, questões de confiança e advogados estão te segurando? Livre-se deles!

Essas são questões dolorosas que precisam ser respondidas.

REALIDADE: Enquanto você fica aí elaborando estratégias e legalizando um plano, sua concorrência está rindo de você, esperando que você demore muito mais.

Eu tuitei esta citação ontem à noite:
"Quanto mais você impede as pessoas
de usarem a mídia social no trabalho,
mais a sua concorrência
lhe passará a perna".

PODER DO TUITE: Em menos de uma hora depois de essa citação chegar na internet, mais de 50 pessoas haviam tuitado de volta e mais de 100.000 haviam sido expostas à mensagem. E a mim. DE GRAÇA.

As pessoas fizeram as seguintes declarações, ou fizeram as seguintes perguntas, cada vez mais:

- **Como eu posso usar a mídia social para atrair novos clientes?**
- **A mídia social não é para crianças?**
- **Eu nunca tuitei.**
- **Eu tentei a mídia social e não obtive resultados.**
- **Meu chefe não nos permite usar o Facebook no trabalho.**

E esta é a minha resposta:

Indivíduos (como você) conseguem seguramente
estabelecer sua própria página de NEGÓCIOS baseada
em valor e em mensagem no Facebook DENTRO dos
parâmetros e das diretrizes das suas empresas.
E podem fazer o mesmo com o
LinkedIn, Twitter e YouTube.

PROBLEMA: Isso exige trabalho árduo e postagens constantes.

OPORTUNIDADE: Você pode ser reconhecido pelos seus clientes, prospectos, fornecedores, indústria e comunidade como um líder e provedor de valores.

DICA PRINCIPAL: Comece hoje!

A mídia social para negócios é uma enorme oportunidade AGORA. Sua habilidade em atrair pessoas para sua presença é realçada pelos relacionamentos de valor que você estabeleceu durante a sua carreira em negócios.

JEFFREY GITOMER

Revolução Social e sua Evolução

A revolução social mudou para sempre a maneira de vender e servir. O único problema é que a maioria dos vendedores não tem ideia disso – AINDA!

À medida que a mídia social para negócios evolui e amadurece, todos os vendedores, executivos e empresários se exporão pelo o que são e pelo que não são... BEM ANTES de uma ligação de vendas ou reunião de vendas acontecer.

Pense sobre o impacto disso...

- **Eu vou Googá-lo.**
- **Eu vou encontrá-lo no Facebook.**
- **Eu vou encontrá-lo no LinkedIn.**
- **Eu vou procurá-lo no Twitter.**
- **Eu vou buscá-lo no YouTube.**

E ninguém vai conseguir me parar.

Vou descobrir EXATAMENTE quem você é – da mesma maneira que você vai tentar descobrir coisas sobre mim.

Dois anos atrás as coisas não teriam acontecido dessa maneira. Pelo menos no lado da mídia social. Talvez cinco anos para o Google.

Hoje todos os sistemas de vendas são precedidos, e algumas vezes excluídos, pela sua reputação on-line. Bem antes de eu ligar para você, antes de você ligar para mim, antes de nos encontrarmos, eu já sei tudo que preciso sobre você.

Ou eu posso pesquisar sobre você em 10 segundos ENQUANTO você está no telefone ou esperando para entrar no meu escritório.

Aqui estão os novos padrões pelos quais você será avaliado, considerando a hora da visita, decidido, medido, marcado e comentado (nossa!).

Sua presença e classificação no Google.

Sua reputação on-line.

Sua presença na mídia social para negócios.

Seu *site* pessoal na internet (presente ou ausente).

Seu *blog* (presente ou ausente).

Sua presença no Facebook.

Suas conexões e recomendações no LinkedIn.

Seus seguidores no Twitter e os tuites.

Sua presença no YouTube.

Você está se sentindo um pouco sobrecarregado? É porque você está dormindo ao volante esperando pela economia "se recuperar". É porque você acha que a internet é sobre a sua empresa, não você. É porque você está esperando que seus advogados encontrem um "plano corporativo" para a mídia social.

Acorde e sinta o cheiro da internet, amigão!

Aqui estão algumas coisas que você deveria fazer, e pode fazer – pois se você não fizer, estará "danado":

- **Veja o que seus concorrentes e seu pessoal estão fazendo na internet.** Estude a presença on-line deles e a sua presença na mídia social.
- **Fale com seus clientes DETALHADAMENTE.** Descubra o que eles consideram valioso saber, e faça um plano para transmitir essas informações, não importando se elas pertencem às suas vendas ou não. DICA: Se você proporcionar informações valiosas, elas pertencem diretamente aos seus relacionamentos e a lealdade deles para com você.

- **Aloque mais tempo para aprender o que você não sabe sobre "on-line".** No mínimo uma hora por dia. Se você estiver atrás de acordo com os padrões de sua concorrência, é uma coisa; mas se você estiver atrás pelas necessidades de seus clientes, esta é A questão. Se você não sabe o que fazer, estude e comece a se envolver.

- **Estabeleça metas executáveis e meça seus resultados.** Comece com o LinkedIn. Faça 200 conexões e expanda sua rede social a partir daí. Crie alguns vídeos testemunhais no YouTube que mostrem seus clientes falando como você é excelente.

- **Comunique as mensagens de valor, não as ofertas de produtos.** O propósito da sua presença on-line (especialmente na mídia social) não é vender, mas sim atrair pessoas que querem comprar.

- **Procure ajuda profissional. MAS CUIDADO.** Obtenha referências pessoais ANTES de gastar um centavo. Existem muitas pessoas que podem ajudá-lo. Existem muitos mais que ALEGAM que podem ajudá-lo, mas não podem.

- **Esperar é mais caro do que começar.** Qualquer que seja seu orçamento para presença on-line e/ou na mídia social, é mais barato quando comparado com não fazer nada enquanto os outros passam por você.

A mídia social não irá embora. Eu aposto que a sua presença na mídia social para negócios está falha. E não há realmente uma boa desculpa para isso, além de que sua visão está limitada pela sua miopia.

Espero que as estratégias e ideias neste livro possam ajudá-lo a dar o pontapé inicial para aquilo que esteja fazendo on-line – especialmente sua participação na mídia social – para que não se arrependa (também conhecido como percepção tardia).

Dica do 🏃 *Git* **Grátis...** Você quer saber três dicas para viver sem arrependimentos? Vá para http://www.gitomer.com e insira a palavra REGRET na caixa de Gitbit.

Mídia Social – A Nova Chamada Fria. Quer Brincar?

As pessoas são bastante polarizadas a respeito da loucura da mídia social.

É um cabo de guerra na internet entre aqueles que creem e aqueles que não creem. E de um em um, os crentes (os usuários) estão trazendo os não crentes (os não usuários) para o seu lado.

E quem é você?
Ainda faz chamadas frias?

REALIDADE: Milhões de empresas têm os logotipos da mídia social na página frontal de seus *sites*. Quantas empresas têm o seu logotipo na página frontal? Quem quer se conectar com seu pessoal? AI, AI!

Aqui estão 5,5 das principais implicações comerciais – para ajudá-lo a se converter de chamadas frias para atrair novos clientes –, as quais você consegue manter por meio deste novo fenômeno on-line.

1. Facebook. Você encontrou seus antigos colegas do colegial ou da faculdade, ou melhor, eles te encontraram. Esta é sua página "social". Você tem uma página de negócios onde as pessoas podem te "curtir"? Uma página de negócios é uma maneira de dar valor e atrair novos amigos e clientes. Se você postar algo de VALOR sobre seu mercado, sua indústria ou seu produto, você poderá realmente ATRAIR prospectos.

***BITS* DE REALIDADE:** O Facebook foi recentemente avaliado em US$ 9,5 bilhões. Ele foi fundado por dois rapazes de 24 anos de idade que mudaram a internet para sempre em menos de seis anos.

2. LinkedIn. Todos os negócios, toda a oportunidade, todas as conexões. Mas é apenas um clube de prospectos gigante até que você descubra qual é a sua proposta de valor, e como transmiti-la. A chave agora é construir uma base de conexões e consistentemente transmitir mensagens de valor para atrair mais.

3. Twitter. A mais nova dessas mídias sociais é uma incoerência para alguns, dinheiro para outros e um mistério para a maioria. Eu tuito uma mensagem de valor todos os dias. Eu tuito meus próprios pensamentos e palavras. E eu recomendo que você faça o mesmo. Se seu tuite alcançar o objetivo, alguém dirá para outro alguém, aumentando assim sua exposição e atração.

4. YouTube. Se é um mundo de vídeos, por que você não está carregando sua câmera de vídeo HD Flip? Como você já sabe da MTV, os vídeos mataram a estrela do rádio. Eu tenho um canal dedicado no YouTube onde posto dicas de vendas e discursos aleatórios sobre atitude, confiança, lealdade e outros pontos de valor comercial. Como *você* está tirando vantagem do YouTube? Onde estão os testemunhos em vídeo de seus clientes quando você precisa deles?

5. Flickr. Para postar e encontrar fotos. Em 10 anos, os quiosques de revelação de fotos em uma hora foram de expansão para contração. As câmeras digitais e as impressoras de fotos mataram a estrela do rádio. Veja as fotos de outras pessoas para aprender sobre elas; coloque fotos da sua família para que os outros possam saber sobre você. Anexe suas fotos nos e-mails. Use-as em apresentações de slides. Coloque-as no Facebook. Além de divertido, é uma maneira excelente de desenvolver entendimento e relacionamentos.

5,5. É Você. O elemento mais importante da mídia social *é você*. Tem tudo a ver com o que você escreve, o que faz, o que posta, o que tuita, o que fotografa, o que grava, como participa e sua dedicação para tornar a sua mensagem pessoal e sua marca pessoal atrativas.

Existem palavras-chave a serem consideradas quando você tenta construir seu mundo da mídia social: conexões, atrair, vídeo, valor, consistente, fã, relevância, escrever, alocar, monetizar.

AQUI ESTÁ O GRANDE SEGREDO: Como você se posiciona e se promove no mundo da mídia NÃO social é crítico para seu sucesso no mundo da mídia social.

Sua escrita, seu *site*, seu *blog*, sua revista eletrônica, sua marca pessoal, sua reputação no seu mercado, seu valor percebido no seu mercado e sua classificação no Google são elementos de atração que afetam seu *status* na mídia social – e certamente seu sucesso.

Então existem os charlatões, e aqueles que tentam injustamente se aproveitar dos outros. Assim como em qualquer outra coisa nos negócios, sempre haverá uma porcentagem pequena de idiotas e fanáticos fazendo a coisa errada. Ignore-os. Não deixe que as ações de alguns estraguem sua perspectiva para avançar e crescer.

REALIDADE: As chamadas frias têm sido parte do mundo de vendas por mais de 100 anos. E já eram. Tecnologia, guardas, porteiros, correio de voz e a sofisticação geral de compradores e executivos mudaram para sempre este cenário. Esta é uma notícia EXCELENTE!

TORNE-SE SOCIAL: Ao implementar as oportunidades grátis proporcionadas pelo Facebook, Twitter, YouTube, Flickr e ESPECIALMENTE LinkedIn, você tem uma oportunidade incrível de atrair e se conectar com os compradores prospectivos.

Existem bilhões de dólares de novos negócios sendo gerados ao fazer conexões na mídia social. Quantos desses você terá? Talvez você tenha de ficar um pouco mais sério sobre tornar-se um pouco mais social, e um pouco mais atrativo.

Você Está no Mundo da Mídia Social? Ou está Esperando na Calçada?

A mídia social mudou o mundo. Deixe-me esclarecer esta declaração. A mídia social mudou o SEU mundo.

O que quer que você esteja fazendo on-line, seja navegando pelo Facebook, pelo LinkedIn, tuitando ou pelo YouTube, a mídia social mudou a maneira de como se comunicar de um para um, de um para uma base de clientes e de um para o mundo.

O FACEBOOK É O FENÔMENO MAIS FÁCIL DE ENTENDER. Ele mudou a maneira de como você se comunica com seus amigos e sua família, e abriu a porta da liberdade para todos aqueles com os quais você entra em contato, seja de forma comercial seja de forma pessoal.

No Facebook, você encontrou amigos antigos, colegas de classe e colegas de trabalho – e eles te encontraram. Da mesma maneira, você poderá descobrir clientes e clientes prospectivos – e eles poderão te encontrar.

Por causa da mídia social e da internet, as grandes empresas não têm mais uma vantagem maior.

Qualquer pessoa pode criar um *blog* de notícias que pode imediatamente tentar competir com o *The New York Times*. A indústria da música tem sido nivelada pelos grupos que apresentam suas próprias músicas e as vendem no iTunes, e grupos que criam vídeos de graça no YouTube. Eles estão fazendo isso mais eficientemente, com muito menos custo do que os álbuns ou CDs desde quando foram inventados.

O LINKEDIN CRIOU UMA NOVA MANEIRA DE FAZER CONTATOS E UMA MANEIRA MAIS SOFISTICADA PARA AS EMPRESAS SE CONECTAREM. Você pode ir ao LinkedIn e buscar por título de emprego e encontrar clientes prospectivos sem custo nenhum. Ele é também a agência de emprego do futuro.

O TWITTER LHE PERMITE GANHAR UM SEGUIMENTO DE PESSOAS INTERESSADAS EM SEUS PENSAMENTOS, SUAS INFORMAÇÕES OU AS INFORMAÇÕES DE OUTROS QUE ELES VEEM COMO VALIOSOS.

O YOUTUBE É O NOVO CINEMA E VOCÊ TEM APROXIMADAMENTE UM BILHÃO DE VÍDEOS PARA ESCOLHER. Milhões de filmes novos são adicionados todos os dias. Se você já ouviu a expressão "Nas nuvens", o YouTube atualmente ocupa metade do céu.

As pessoas que estão fazendo entrevistas de emprego se expõem completamente por meio de sua presença no Facebook, LinkedIn e YouTube da mesma maneira como uma empresa é exposta na mídia social. Ainda assim existem pessoas que desdenham da mídia social, evitam-na ou mesmo falam mal dela. Essas pessoas são tolas e você conhece algumas delas.

REALIDADE: A mídia social e a mídia social para negócios criaram novas vendas, novo marketing, nova exposição, novas marcas, nova comunicação, nova rede social e novas oportunidades de negócios – os quais provavelmente nunca foram vistos ou conhecidos anteriormente.

A revolução está apenas começando, e a maioria das empresas, dos homens de negócios, dos executivos de negócios e dos vendedores ainda é inepta na mídia social.

VEJA BEM: Existem poucas coisas ou ações, e poucas pessoas OU circunstâncias que podem mudar as regras do jogo. A mídia social mudou todos os quatro.

Pessoas, circunstâncias, coisas e ações foram todas mudadas para sempre como resultado de postagens, tuites, *links* e conexões. E as pessoas que se aproveitaram disso tudo mudaram seu alcance de maneira que fizeram com que todos seus concorrentes tradicionais tremessem nas bases.

Pense sobre seu lugar na mídia social quando planeja seu alcance de marketing para os próximos 10 anos, e faça as seguintes perguntas a si mesmo:

1. Qual é minha posição atual em meu mercado?
2. Como meus clientes me percebem?

3. Meus clientes conseguem acessar minha empresa 24 horas por dia, 7 dias por semana, para comentários ou contar histórias?
4. Eu realmente sei o que minha concorrência está pensando e dizendo?
5. Quão atrativo eu sou para os meus clientes?
6. Qual a minha proposta de valor que favorece meus clientes e como eu os deixo saberem disso, dia após dia, sem simplesmente repeti-la?

Tenho estado ativamente envolvido na mídia social por apenas três anos. Este ano vou sair com tudo para atrair, engajar e me conectar. Contratei uma empresa de consultoria para me ajudar. Tenho três pessoas no meu quadro de funcionários postando eventos, monitorando minhas contas e me ajudando.

AUTENTICIDADE: Eu faço meus próprios tuites, seja ditando-os ou postando minhas atualizações no Facebook, e sou ativo (aceito convites e respondo ou correspondo) no LinkedIn. Acredito que ficar pessoalmente envolvido ajuda a manter minha mensagem verdadeira à minha filosofia, e me ajuda a aprender.

Há uma estratégia não falada para as empresas empregarem e esta estratégia foca na palavra *valor*. Quanto mais você oferece, mais atrativo se torna. Quanto menos você oferece, mais anônimo permanecerá.

JEFFREY GITOMER

Convertendo a Mídia Social Pessoal em Mídia Social para Negócios

Como você está usando e lucrando com a mídia social?

AQUI ESTÁ A RESPOSTA PROVÁVEL: Você está usando-a, mas não está lucrando com ela.

E isso é porque...

- **Sua página no Facebook tem fotos dos piqueniques de domingo, 15 comentários de amigos mais íntimos e familiares e nada sobre negócios.**
- **Você tem uma conta no Twitter que diz para sua plateia de 75 pessoas que está de pijamas e indo dormir. (Até mais insultante é que você chama seus seguidores de "tweeps" ou "tweeple".)**
- **Sua conta no LinkedIn (se tiver uma) tem menos de 100 conexões, e nenhuma delas recebeu uma única mensagem de valor sua.**
- **Você não tem seu canal no YouTube.**

Ai, Ai.

ACORDE PARA A REALIDADE: Está na hora de traçar a linha e a distinção entre mídia social pessoal e mídia social para negócios.

Há uma maneira fácil e sem custo de criar atrativos e conexões da mídia social para negócios.

Estou te desafiando para que se aproveite disso. Começando agora.

Aqui estão duas coisas que você pode fazer HOJE:

1. Criar uma página de negócios no Facebook que seus clientes, prospectos e fãs possam "Curtir". Uma página para seus negócios lhe permite criar uma oportunidade para diálogo com seus clientes e prospectos. Ela também te desafia a criar mensagens de valor, postar vídeos e oferecer dicas e ideias que ajudarão seus clientes e prospectos a desenvolverem seus negócios – e o resultado é que você poderá ganhar seguidores.

Dê uma olhada na minha página de negócios no Facebook e observe como eu faço postagens diárias, e como crio *links* de volta para meu *site*, de forma que as pessoas que "curtem" minha página podem continuar a me considerar como um provedor de valor e um recurso. Enquanto você estiver na minha página, tire alguns minutos para ler os comentários que eu recebo em resposta às minhas ofertas de valor. É humilde, lisonjeador e cria um fluxo de receita. Você pode fazer o mesmo.

Eu apostaria que todos os seus clientes e prospectos já estão ativamente envolvidos com o Facebook, mas provavelmente apenas em um nível pessoal ou social. Você pode facilmente encontrá-los e pedir a eles que "curtam" sua página.

ATENÇÃO: Sua página de negócios no Facebook requer trabalho, atualizações constantes e respostas. Sua credibilidade será zero se você postar apenas uma vez por mês. Minha regra geral é um mínimo de três vezes por semana. O que para mim é bastante interessante é que mesmo quando eu não faço uma postagem, um dos meus fãs irá postar algo para mim ou a meu respeito: uma citação, um obrigado, uma ideia ou uma história. Para mim não é apenas uma postagem, é um boletim – as pessoas tiram alguns minutos de seu dia para interagirem comigo e compartilhar sua gratidão, suas perguntas ou suas ideias. *Quantas pessoas te "curtem"?*

2. O Twitter é uma anomalia e é mandatória. A maioria das pessoas desperdiça sua oportunidade no Twitter. Elas estão ou falando nada ou solicitando vendas. No meu primeiro ano no Twitter, eu tuitava aproximadamente 180 vezes, e a partir daí, ganhei mais de 15.000 seguidores.

Sim, eu tenho uma vantagem por ser um autor publicado e palestrante, mas eu me aproveitei da minha vantagem.

Estou agora há um ano e quatro meses no Twitter e eu postei meu tuite número 280 ontem. "Resiliência não é o que te acontece. É como você reage, responde e se recupera do que acontece com você." Eu tive mais de 100 respostas no Twitter que me permitiram passar da marca de 20.000 seguidores. Se em meu tuite eu sugiro para as pessoas fazerem alguma coisa, é apenas para que elas possam obter mais informações valiosas sem uma solicitação.

O valor do Twitter ainda não foi contabilizado. Mas com 175 milhões de usuários, tem de haver alguns dólares ali, flutuando em algum lugar. Dê uma olhada nos meus tuites para você poder ver um exemplo de como eu ofereço valor.

E observe que quando eu posto uma citação, ela é minha. Eu não estou te dizendo o que Benjamin Franklin ou Albert Einstein (ambos personagens brilhantes) disseram. Eu não quero citar outras pessoas; eu quero citar a mim mesmo.

Uma das minhas primeiras citações no Twitter foi: "Se você quer ser relevante no Twitter, tuite algo relevante". Recebi centenas de respostas.

O que você está fazendo no Twitter? Como você está se aproveitando das 175 milhões de pessoas com 140 caracteres cada uma?

Mídia Social ou Mídia Social PARA NEGÓCIOS? Você Escolhe.

De todas as opções da mídia social para negócios, eu acredito que o LinkedIn é a mais válida e a mais valiosa. Mas ela não é a ÚNICA.

Para dominar a mídia social para negócios, é preciso uma combinação bem-sucedida da sua página de negócios no Facebook, sua conta no Twitter, sua conta no LinkedIn e seu canal no YouTube.

O LinkedIn lhe permite encontrar pessoas que possam possivelmente fazer negócios com você, ser um contato valioso e (mais importante) permite que as pessoas te encontrem.

A maioria dos vendedores que usam o LinkeIn está tentando encontrar prospectos e/ou implorar por algum tipo de conexão. Esta estratégia é a menos útil, mas é melhor do que uma chamada fria.

O LinkedIn tem uma fonte de CEOs e outros executivos de nível C em sua rede, além de milhões de empresários (sim, milhões) que têm seus próprios negócios e podem tomar a decisão final.

O LinkedIn é um novo canal. Em vez de ligar para um porteiro e tentar obter informações sobre alguém que toma decisões, você agora pode avançar a busca no LinkedIn e encontrar exatamente quem está procurando antes de fazer a ligação. Você pode descobrir quem está conectado em suas conexões e descobrir pessoas de acordo com as descrições de trabalho e títulos no emprego.

Seu trabalho, como um mestre da mídia social para negócios, é atraí-los, não implorar por eles. Seu trabalho não é encontrá-los. Seu sucesso virá por deixá-los te encontrar.

Das minhas centenas de conexões no LinkedIn, eu pedi a menos de 100 pessoas para se conectarem a mim. Os outros pediram para eu me conectar com eles. Esta deve ser a sua meta.

Aqui está uma estratégia total de rede social para negócios:

REGISTRAR WWW.SEUNOME.COM. Se seu nome já foi tomado, coloque as palavras "eu sou" ou "o maior" ou "o primeiro e único" na frente de seu nome. Se todos já estiverem disponíveis, compre todos os quatro. Se seu sobrenome estiver disponível, compre-o também.

ESTABELEÇA UM *SITE* SIMPLES NA INTERNET COM UMA PÁGINA. Nesta, coloque sua filosofia de como você trata os clientes. Em um curto período de tempo, esta ajudará a te dar uma classificação (talvez uma classificação número um) no Google de forma que as pessoas podem te achar facilmente.

EM SEGUIDA, CRIE UM BLOG. (Wordpress, Typepad ou Blogger oferecem opções grátis ou com baixo custo.)

DEPOIS DISSO, CRIE SUA PÁGINA DE NEGÓCIOS NO FACEBOOK, SUA CONTA NO LINKEDIN, SUA CONTA NO TWITTER E SEU CANAL NO YOUTUBE. Certifique-se de que estão todos em seu nome ou contenham o seu nome. Isso lhe dará ainda mais espaço no Google, e lhe dará uma meia dúzia de listagens ou mais no Google.

> A chave é se fazer visível na internet –
> por meio de seu *site*, blogando e
> pelo uso baseado em
> valor da mídia social.

Também recomendo que você vá até http://www.aceofsales.com e estabeleça uma conta. Ela custa apenas US$ 20 por mês e lhe permite acessar o Facebook, LinkedIn e Twitter de sua página inicial com um clique. Ela também lhe permite criar e enviar sua própria revista eletrônica.

Leia mais sobre o Ace of Sales (Ás de Vendas) na página 190.

Agora que você tem o quadro geral, aqui está o que deve ser feito.

1. Tuite uma mensagem de valor todos os dias. Apenas uma. Algo que seus clientes e seus prospectos considerariam valioso.

2. *Blog* um parágrafo todo dia que inclua seu tuite. Algo que as outras pessoas considerem valioso. Tudo que você precisa fazer é acordar pela manhã e começar a escrever.

3. Conecte suas contas na mídia social de forma que o que você posta em uma aparece em todas elas.

4. Poste eventos de importância em sua página no Facebook. Especialmente, poste as interações com os clientes.

5. Agora comece o processo de convites. Comece convidando todos que você conhece, e todos que você consegue se lembrar, para se juntar a você no LinkedIn, "curti-lo" no Facebook, segui-lo no Twitter e ver seus vídeos no YouTube. Faça com que o convite seja pessoal, não um convite padronizado. Nem todo mundo atenderá seu pedido. Mas quando as pessoas começarem a regularmente receber informações valiosas suas, elas começarão a contar para outras pessoas. As pessoas comentarão na sua página no Facebook. Elas te enviarão tuites. E elas vão se conectar com você no LinkedIn de forma proativa.

NOTA: Como você pode ver, a chave para o sucesso da mídia social é ser socialmente proativo para negócios com uma mensagem de valor.

VEJA BEM: Você levará menos tempo para escrever 100 palavras do que fazer 10 chamadas frias, as quais provavelmente desligarão na sua cara ou 10 e-mails não solicitados que provavelmente serão deletados.

5,5. O que o YouTube tem a ver com isso? Dê uma olhada no canal "Buy Gitomer" no YouTube. Peguei 100 mensagens curtas de valor e as gravei em vídeo. Se você pegar o parágrafo que você *bloga* todos os dias e gravá-lo na sua câmera de vídeo Flip, você poderá fazer o *upload* no YouTube (em aproximadamente um minuto). A postagem do conteúdo no YouTube permite que as pessoas vejam você e sua paixão em ação, e sintam seu compromisso e sua validez. Ela dá às pessoas a oportunidade de conhecê-lo, mesmo que nunca tenham te visto pessoalmente. Tenha em mente que você não precisa ter um milhão de espectadores dos seus vídeos no YouTube para que eles sejam valiosos; você precisa que apenas alguns poucos executivos e outras pessoas que tomam as decisões vejam suas mensagens postadas. Eventualmente, eles clicarão e comprarão de você.

VEJA BEM: Eu não estou te dizendo O QUE FAZER. Estou te dizendo O QUE EU FAÇO. Estou te convidando para que se junte a mim em cada uma dessas mídias sociais para ver o que eu faço todos os dias e aprender como estou começando a monetizá-lo – para que você possa fazer o mesmo.

Dica do *Git* **Grátis...** A verdadeira oportunidade de monetização da mídia ainda é relativamente desconhecida. Se você quiser conhecer alguns dos exemplos específicos de como eu monetizei minha presença, vá para http://www.gitomer.com e insira a palavra MONETIZE na caixa de *GitBit*.

Nove Maneiras de Fascinar o Peixinho Dourado

Por Sally Hogshead

Há cem anos, você não precisava fascinar o peixinho dourado.

Naquela época, a média do período de atenção era de aproximadamente 20 minutos. (Uma estimativa de um minuto para cada ano de idade, até a idade de 20 anos.) Mas, então, aconteceu uma coisinha chamada "internet". Hoje, há mensagens que chegam a nós de todas as direções: correio de voz e vídeos, e-mails e aplicativos, atualizações e *upgrades*, tuites e retuites.

Assim, como nosso cérebro responde a todo este estímulo? A resposta é que estamos aprendendo a pensar diferentemente. Pensamos mais rapidamente e nos distraímos mais facilmente. A BBC anunciou: "A natureza aditiva de navegação na internet pode lhe deixar com um período de atenção de nove segundos – o mesmo que um peixinho dourado".

Nove segundos! (É apenas o suficiente para ler um tuite.) *É tudo que conseguimos antes que o cérebro de nosso cliente tome a decisão de permanecer focado ou partir para um novo tópico.*

> Neste ambiente distraído, você deve imediatamente perceber sua vantagem competitiva singular. Você tem apenas um instante para comunicar, convencer e converter.

Neste mundo de nove segundos, as mensagens mais fascinantes triunfam, os vendedores mais fascinantes triunfam e os produtos e serviços mais fascinantes também triunfam porque eles captam a atenção de um cliente.

O que tudo isso significa para você?
Você precisa aprender como vender para um peixinho dourado.

Depois de aprender como fascinar o peixinho dourado, você ganha!

- **Você ganha orçamentos maiores, relacionamentos melhores e maior admiração.**
- **Você constrói lealdade mais sólida, redes maiores e confiança mais profunda.**
- **E você pode cobrar um preço mais alto.**

Se você quiser cativar seu cliente, perderá. Simples assim. O peixinho dourado vai sair nadando para o próximo vendedor, o próximo anúncio, o próximo preço baixo.

Hoje, não é suficiente apenas ter o melhor produto. Não é suficiente ser o melhor se ninguém percebe que você está ali.

Está se perguntando por onde começar?

Em meu livro, "FASCINATE", eu descrevo como desenvolver mensagens persuasivas e influentes. Para construir seu próprio império de mídia social, aqui estão nove maneiras para instantaneamente começar a atrair, convencer e reter o peixinho dourado.

1. TER O MAIOR ORÇAMENTO. OU SER O MAIS FASCINANTE. ESCOLHA UM. Sua mídia social pode ser tão entediante quanto você quiser, sob UMA condição: *Você tem um orçamento de marketing maior do que qualquer outro na sua categoria.*

Neste caso, você tem condições de ter bastante propaganda para martelar na cabeça das pessoas, mais e mais, bem, bem, bem, até que elas se lembrem.

É isso que empresas do *Fortune 100* como a Kellog's, a AT&T e a Microsoft fazem. Elas têm condições financeiras de serem "não fascinantes".

Oh! O que é que você está dizendo? Você não tem um orçamento de *Fortune 100*? Bem, enquanto isso, evite ser um inútil. Você não tem condições financeiras para isso.

Para começar, trabalhe na mensagem em si.

2. A MENSAGEM EM PRIMEIRO LUGAR. A MÍDIA EM SEGUNDO. Há muito "barulho" sobre todas as formas diferentes da mídia social: Twitter e Facebook, YouTube e LinkedIn. Todas elas são importantes.

MAS: *Mesmo antes de pensar em qual forma de mídia usar, você deve decidir primeiro o que dizer.*

Enquanto você considera plataformas diferentes, lembre-se: A mensagem não é uma reflexão posterior. Ela é rei. Imperador. Superpotência nuclear. Não "faça" a mídia social a menos que tenha algo a dizer.

Primeiro, faça sua mensagem certa, e o resto fica muito mais fácil. Como fazer isso? Continue lendo.

3. IDENTIFIQUE O QUE JÁ TE FAZ FASCINANTE. Sim, sua empresa tem o potencial de ser fascinante. O truque é descobrir exatamente *o que dizer* e *como* você pode usar isso para atrair clientes.

Aqui está uma versão rápida de um exercício incrivelmente útil que eu faço com meus clientes da Fortune 500 para ajudá-los a descobrir os principais pontos de fascinação de suas marcas. Eu os chamo de "Distintivos de Fascinação".

Na propaganda, desenvolvemos UMA estratégia-chave.

Mas na mídia social é bom ter uma abundância de pontos de mensagens, para que você possa compartilhar informações recentes para impor seus pontos principais e motivar os consumidores a se engajarem de várias maneiras.

O propósito deste exercício de Distintivos de Fascinação é para desenvolver uma profusão de pontos que claramente o diferencia.

Faça um "brainstorm" de uma lista para cada um dos seguintes pontos:

- **Produto.** Como você é diferente ou melhor do que a concorrência.
- **Crenças centrais.** Os valores que o guiam; o que você acredita.
- **Ações.** As maneiras nas quais você "age de forma coerente".
- **Cultura.** Como você trabalha, comunica, interage, brinca, promove.
- **Herança.** A "história passada" de como você se tornou o melhor.
- **Benefícios.** Porque alguém deveria comprar de você ou empregá-lo.
- **Propósito.** A missão por trás do porquê sua empresa existe.

Use as listas que você desenvolveu para criar várias mensagens que demonstram o que te fazem diferente, melhor e mais fascinante do que sua concorrência.

Você não quer *sempre* falar de você mesmo, é claro. Também é importante se conectar para compartilhar informações e *insights*.

4. COMECE COM INFORMAÇÕES, E EM SEGUIDA ADICIONE *INSIGHT*. Você já enviou um artigo de alguma revista para um colega, adicionando uma mensagem em Post-It com um comentário pessoal, como uma maneira de vincular um problema ou meta ou interesse que vocês compartilham? Certamente. E você consegue desenvolver relacionamentos através da mídia social exatamente da mesma maneira. O compartilhamento de informações relevantes e úteis (como um relatório de notícias ou tendência emergente) transmite seu investimento em sustentar sua rede, em vez de simplesmente se promover.

Agora, pronto para adicionar algo mais? Adicione *insight* à sua mensagem.

Quando você compartilha informações, vá um passo além para incluir sua interpretação do material, e as implicações para seus leitores. Ligue os pontos.

Pode ser algo assim: "Aqui está algo que está se formando no horizonte:_____, e aqui está o que eu acredito que isso significa para você e sua empresa:_____".

O *insight* requer um pouco mais de esforço e sofisticação, mas aumenta a relevância de sua mensagem – e de sua marca. *Adicionar insight é adicionar valor*. Caso contrário, você está apenas enviando *spams* para as pessoas.

Talvez você não pense em seu marketing como um *spam*. Mas se nenhuma outra pessoa obtiver valor de sua mensagem, sinto muito, é um *spam*.

5. PENSE EM VERBOS. As mensagens bem-sucedidas na mídia social não apenas chamam a atenção – elas motivam o comportamento. Elas provocam uma ação. Se as pessoas não mudarem suas ações como resultado de suas mensagens, então estas fracassaram.

Para criar mensagens que mudam o comportamento, *identifique exatamente quais ações você quer que as pessoas tomem*. Em vez de simplesmente fazer uma declaração ("Agora aberto aos domingos" ou "20% de desconto"), comece pensando em mensagens em termos de como a sua mensagem será:

- Atrair novos clientes para a loja.
- Provar por que você é a melhor escolha.
- Aumentar a urgência para a venda imediata.
- Convencer novos prospectos para que troquem para seu produto.
- Reafirmar o compromisso de ser leal (quando eles poderão, caso contrário, mudar para um concorrente).

Na mídia social – e na vida – os verbos são a fundação para o sucesso.

6. ATINJA OS FATORES MOTIVADORES. Fatores motivadores são questões intensamente potencializadas que se encaixam diretamente na decisão de compra de um cliente. Clientes diferentes têm fatores motivadores diferentes. Identifique qual deles irá influenciar mais o processo de compra, e então crie a mensagem ao redor deste.

Aqui estão três fatores motivadores em potencial:

Medos: Com o que seu cliente se preocupa que poderá dar errado e como você poderá evitar o problema ou resolvê-lo? (A FedEx usa esse fator motivador, cobrando um preço superior pelo "alívio do medo").

Necessidades: Identifique o que está *faltando* ou *não foi resolvido* para seus clientes, em um nível prático. Eles têm uma necessidade racional (como a necessidade de gastar menos)? Ou uma necessidade emocional (como um sentimento validado por uma marca bem conhecida)? Encontre maneiras nas quais sua empresa preenche o que está faltando.

Esperanças: No fundo, seus clientes têm certas aspirações (mesmo que eles não admitam). Eles querem se sentir mais inteligentes, mais relaxados ou mesmo serem promovidos como resultado da compra de seu produto. Embora seja fácil identificar as necessidades racionais de seus clientes, é preciso ter certa esperteza para demonstrar seu entendimento *do que eles aspiram se tornar.*

Tudo isso não é fácil. A mídia social funciona porque *você* faz com que ela funcione. E para tal é preciso trabalhar.

7. PARE DE RECLAMAR QUE É MUITO DIFÍCIL. Sim, é difícil (especialmente no início). Concordo. Vá em frente. Apenas comece. Como? *Escreva sobre algo que te fascina e por que.* Aperte "enter". CABOOM. Feito.

A mídia social não é algo de apenas uma vez, como a criação de um logotipo ou a projeção de um *outdoor*. É grátis e é incrivelmente eficaz – mas é preciso haver um compromisso regular, como escovar os dentes, ser parte do seu repertório consistente.

Quando você começa a construir uma rede e estabelecer seu ponto de vista, você precisa pôr energia no processo. Mas logo o processo lhe dá energia, à medida que as pessoas começam a responder, reagir e (acima de tudo) comprar.

Eu recomendo uma mistura de observações pessoais, perguntas e seu próprio pensamento.

Para ajudá-lo a começar, aqui está um lote das minhas mensagens que tiveram mais retuites do mês passado. Sinta-se à vontade para compartilhar qualquer uma dessas mensagens na mídia social – como se fossem suas:

Você pode ficar confortável, ou ser extraordinário, mas não ambos.
Confie na sua intuição. Ela é mais inteligente do que você.
Você é seu cliente mais importante.
No domingo à noite, você se prepara para a segunda de manhã com gosto? Ou você curte cada último momento possível do final de semana?
Meu conselho para a carreira: esqueça o que seu cartão de visitas diz. Você é um empresário.
O McRib sanduíche? Que delícia? Ou será um show de horror culinário?

8. CONTINUA SE SENTINDO PRESO? TENTE UMA DESSAS:

- **Vocifere. Ou pragueje.** Ou qualquer outra maneira que você se sinta bem. Uma voz apaixonada claramente comunica por que você acredita e por que as pessoas deveriam se importar.

- **Faça perguntas provocativas (e interaja com o comentário resultante).** Uma vez eu postei no Facebook: "Você preferiria trabalhar para um insensível talentoso ou um banal bonzinho?" Houve tanta discussão e comentário no Facebook, no Twitter e no meu blog que levou a um artigo de duas páginas no *Advertising Age*.

- **Preveja o que pode acontecer a seguir.** Ou o que você acha que deveria acontecer em seguida.

- **Elogie uma empresa que está fazendo as coisas de forma diferente e certa.** Talvez você tenha de elogiar seu concorrente.

- **Use a mídia social de maneiras inesperadamente diretas.** E se você usar o Twitter para cortejar um novo cliente potencial de forma inteligente? A maioria das pessoas fica atenta para qualquer menção de seus nomes de usuários, e da conta de suas empresas, assim, seu tuite irá automaticamente aparecer em seus alertas. Você poderá dizer: "Razão n. 47 porque @AcmeCo deveria nos empregar:

Nós garantimos nosso trabalho por duas vezes mais tempo do que os outros". Personalize-a ainda mais ao tuitar mensagens para indivíduos na empresa. Uma maneira descolada e atrevida de provocar seu interesse.

- **Declare suas "opiniões de autoridade".** Esses pontos de vista fortemente declarados são como uma carta para o editor, mas se relaciona ao seu cliente. Pode ser um tópico ou um sentimento que você pode sustentar com tanta confiança que ela reflete sua experiência. Suas opiniões de autoridade não deveriam ser óbvias; na realidade, quanto mais contraintuitivo, melhor. No que você acredita com tamanha convicção que poderá autenticamente aconselhar seu cliente, com total confiança? E se você fizer um vídeo curto no YouTube ou postar no *blog* sobre isso?

Então, por que mais pessoas não são fascinantes? Porque isso requer estratégia, esperteza, *"cojones"* e o entendimento da natureza humana. Porque isso requer desenvolver e expressar um ponto de vista distinto.

É fácil ser entediante. Qualquer um pode fazer isso. Sua concorrência provavelmente o faz muito bem.

9. SOBRESSAIA-SE OU NÃO PERCA SEU TEMPO (DE VERDADE). Você está disposto a criar ideias que irresistivelmente atraem um público de seguidores ávidos? Você está preparado para fazer o trabalho necessário para informar e inspirar seu público? Você é suficientemente corajoso para provocar e ocasionalmente polarizar? Você quer fazer perguntas e mudar o modo como as pessoas pensam?

Se não, não perca seu tempo e dinheiro na mídia social. De verdade.

O mundo não precisa de mais um tuiteiro. Ele precisa de *você*. Ele precisa das suas melhores práticas secretas, suas observações excêntricas, seus conselhos à moda antiga e suas soluções de vanguarda.

A meta aqui é criar mensagens que sejam lembradas e influenciadas. Mas tudo começa com ser ouvido.

Você não vai ganhar por ter ficado quieto.

Em um mundo de nove segundos, você ganha por ser ouvido.

Crescer com um sobrenome de Hogshead (cabeça de porco) daria a qualquer pessoa um ponto de vista não convencional. Hoje, a Sally está em uma missão para ajudar as empresas a criarem ideias radicais e ações passionais, sabiamente agitadas e mexidas com uma gota picante de inspiração.

Como autora, palestrante e especialista em marketing internacionalmente reconhecida, a Sally trabalha com marcas de classe mundial, como Coca-Cola, Nike e Target, e frequentemente aparece na mídia nacional, incluindo o "The Today Show" e o The New York Times.

O livro mais recente da Sally é FASCINATE: Your 7 Triggers to Persuasion and Captivation. *Como sua própria marca pessoal se torna irresistível e cativante? Descubra ao fazer o teste de personalidade F Score da Sally no site http://www.SallyHogshead.com/FScore.*

A Mídia Social é Correta para Todos os Negócios?
Por Mitch Joel

Um grande homem uma vez disse: "Fazer ou não fazer, não há tentativa".

Tudo bem, não era um grande homem. Era um Muppet. Mas quando o Yoda disse aquela fala, hoje clássica, no filme O *Império Contra Ataca*, muitos *nerds* (incluindo eu) sacudiram nossas cabeças como se isso fosse sabedoria comum do Dalai Lama.

De fato, o conceito de "tentar" algo sem ter uma estratégia verdadeira ou resultado direto em mente está se tornando uma abordagem muito mais sensível aos canais de marketing digital.

Este é especialmente o caso quando falamos do mundo variado da mídia social, onde os canais e as plataformas como Twitter e Facebook vagam erraticamente com Foursquare e Quora. O vídeo de uma pessoa onde seis cachorros perseguiam uma gazela com 80 milhões de visualizações é igualmente nivelado contra um *podcast* de áudio que foca nos melhores restaurantes de hambúrgueres em Montreal (não é brincadeira, veja: The Montreal Burger Report no http://montrealburgers.blogspot.com/).

Há espaço para seu negócio e sua marca
em todo este conteúdo aleatório?
É claro que sim!

Um dos principais motivos de as empresas lutarem para entender o mundo da mídia social é que ele é muitas vezes comparado a apenas um canal de mídia tradicional específico, em vez de ser visto como um ecossistema saudável onde uma marca física (e esta inclui produtos e serviços com um foco de empresa para o consumidor ou de empresa para empresa) consegue criar e fazer coisas com conteúdo (texto, imagens, sons, áudio e vídeo), por várias áreas, e com graus variados de impacto e público.

Esta é a nova realidade, e é sempre surpreendente ouvir muitos especialistas em mídia social dizer que: "A mídia social não é para todos".

A explicação que segue sugere que algumas empresas simplesmente não têm os recursos necessários para fazê-lo... e fazê-lo bem.

Muitas empresas não têm a largura de banda, o orçamento, os recursos, as pessoas, a experiência ou a atitude correta. É como se tudo tivesse de se alinhar como um eclipse lunar total para entrar neste *mix* de mídia complexo. Este vai e vem é um enorme erro.

É geralmente feito de forma que uma empresa emprega um desses muitos consultores/palestrantes/gurus/peritos/gênios pagando a eles para que façam o serviço.

A verdade é que a pergunta "A mídia social é certa para minha empresa?" é falha. Em vez disso, pergunte a si mesmo: "A minha empresa deveria estar compartilhando quem somos e o que fazemos com o mundo?" Qual é sua resposta para essa pergunta? Se não for "Sim", fique à vontade para fechar este livro e bater na sua cabeça até perceber que a resposta é, e provavelmente sempre será, "Sim!"

É por isso que você está no mundo dos negócios (e foi por isso que você pegou este livro em primeiro lugar): para que mais e mais clientes possam te encontrar, comprar de você e dizer a todos que sabem como você é excelente.

Este pensamento falho de que a mídia social não é para todos acontece porque muitos desses autoconsagrados especialistas focam em apenas duas áreas da mídia social:

1. **Qualquer que seja a plataforma mais popular (como Facebook e Twitter).**
2. **A noção de que a mídia social é sobre a "conversa" que está acontecendo on-line sobre você, seus concorrentes e/ou a indústria que você serve.**

Esses são ambos os espaços válidos para brincar (e se você fizer tudo que o Jeffrey está falando neste livro, você chegará lá), mas eles não estão nem perto de serem os únicos, ou o motivo para se envolver com a mídia social em primeiro lugar.

O que faz com que a mídia social (ou qualquer outro tipo de mídia) seja verdadeiramente "social" é a habilidade de compartilhar. Seja internamente com seus funcionários ou publicamente (ou ambos), o compartilhamento é o melhor lugar para começar. O compartilhamento também é um pilar central na construção de confiança e credibilidade.

Compartilhe tudo que tiver de ser compartilhado sobre você e sua empresa – notícias, artigos, documentos de marketing, seus pensamentos, etc. Compartilhe além de suas próprias paredes digitais consagradas (seu *site* na internet) e force essas informações nos canais onde as pessoas podem estar procurando saber o que você tem a oferecer.

Dito isso, certifique-se de que todo o conteúdo no seu *site* esteja a apenas um clique para as pessoas "curtirem" no seu Facebook ou tuite no Twitter ou enviar por e-mail para um amigo.

(Você pode aprender mais sobre como fazer isso e obter um pequeno dispositivo para colocar no seu *site* que permitirá que as pessoas compartilhem seu conteúdo imediatamente no http://www.sharethis.com.)

Embora a otimização de seu *site*, de forma que ele poderá ser encontrado nos mecanismos de busca, ainda seja criticamente importante, não se esqueça que o YouTube é, na realidade, o segundo maior mecanismo de busca depois do Google. Portanto, se você não estiver produzindo um *blog* em vídeo, ou postando testemunhos em vídeo e suas palestras públicas, você pode não estar alcançando todos os clientes potenciais que estão te procurando.

Enquanto o compartilhamento faz com que as coisas se movimentem, igualmente importante é ser encontrável. Todos os dias, mais e mais pessoas estão fazendo todos os tipos de busca e pesquisa dentro de suas redes sociais on-line. Elas estão escaneando os *blogs* industriais e *podcasts* para ver quem está dizendo o que sobre quem e tomando decisões de compra informadas com base nas respostas que eles obtêm.

Quanto mais seu negócio faz com que seu conteúdo seja mais encontrável – em texto, imagem, áudio e vídeo –, mais encontrável você se torna... em todos os lugares, mas você também precisa estar escutando.

As pessoas frequentemente me perguntam se plataformas da mídia social, como o Twitter, são uma perda de tempo. Como Presidente de uma agência de marketing digital, com dois escritórios e mais de 130 funcionários de tempo integral, posso te dizer francamente que é meu trabalho saber o que as pessoas estão dizendo sobre nossa marca, nossos clientes e a indústria que servimos.

Também é meu trabalho ouvir sobre as novas oportunidades de negócios e fechar mais vendas. Se as pessoas estão pedindo referências para uma agência de marketing digital no Twitter (Facebook, LinkedIn ou qualquer outro), eu tenho a obrigação de estar lá, e ser mais receptivo.

Sim, você pode comprar ferramentas de monitoramento da mídia social para ouvir e capturar tudo. Mas você também pode acessar algumas ferramentas incríveis grátis como Busca no Twitter (search.twitter.com), Google Alerts (http://www.google.com/alerts) e Google Blog Search (blogsearch.google.com). Comece a escutar. Agora.

Uma vez que você começa a se beneficiar por compartilhar, escutar e tornar-se mais encontrável, você começará a ver muitas opções adicionais e ferramentas que estão disponíveis.

De ferramentas que podem ajudá-lo a colaborar melhor tanto internamente quanto ao nivelar a sabedoria de seu público escutando ao *feedback* e diálogo existente acerca da sua marca – todo este conteúdo público está lá. Ele pode ajudá-lo a analisar melhor sua posição no mercado, o que os clientes realmente pensam de você e seus concorrentes e – se estiver escutando de perto – proporciona indicações sobre como você consegue melhorar, inovar e fechar mais vendas.

E se você vende papel higiênico? A mídia social ainda é correta para sua empresa?

O Charmin lançou um aplicativo no iPhone chamado "*Sit or Squat*" (Senta ou Agacha) que te permite localizar, classificar, comentar e mesmo adicionar um vaso sanitário público limpo. O aplicativo rico em características também lhe permite reduzir sua busca para banheiros que tenham fraldários (como um dos muitos exemplos). Esta iniciativa alimentada pelo público já foi baixada milhões de vezes e – como alguém que viaja tão frequentemente como eu – tem um lugar especial na página inicial do meu iPhone.

O Charmin está nos permitindo (pessoas como eu e você) a compartilhar com a intenção de ter uma experiência melhor nos banheiros públicos (e a esperança de que você irá comprar papel higiênico Charmin quando estiver no supermercado).

Se o Charmin consegue fazer a mídia social funcionar com papel higiênico, o que está te segurando?

Aqui estão cinco maneiras de começar a escutar, compartilhar e tornar-se mais encontrável.

1. Abra-se. Além da funcionalidade ShareThis, considere permitir que todos consigam classificar e comentar em todos os produtos e serviços no seu *site* na internet.

2. Escute melhor. Crie uma conta grátis com o Google Reader e comece a alimentar este *RSS feed* com todos seus termos-chave importantes (companhia, empresa, marcas, pessoas-chave na administração, concorrentes, indústria, etc.).

3. Leia mais. Use também o Google Reader para melhor organizar todos os principais *blogs* e *podcasts* na sua indústria. Ao lê-los, escutá-los e segui-los, você ficará mais esperto e mais afiado. Você saberá o que sua concorrência está tramando e conseguirá pensar em maneiras para derrotá-la.

4. Escute ainda mais. Use o Twitter Search, o Google Alerts e o Google Blog Search para ouvir o que as pessoas estão dizendo sobre você, seus concorrentes e sua indústria. Aqui está uma dica: cada resultado de busca (geralmente) permite que você crie um *RSS feed*. Faça isso e traga o *feed* para dentro do Google Reader. Dessa maneira, você terá uma área onde todas as vezes que algo é mencionado, você conseguirá vê-lo neste local único, unificado e fácil de administrar.

5. Responda. Responda a tudo. O que é dito sobre você. O que é dito sobre sua indústria. O que é dito sobre seus concorrentes. Torne-se o especialista de fato. Não venda. Não empurre. Seja útil. Seja "curtível". Como gosta de dizer meu amigo Hugh McGuire (LibriVox, iambik): "Não *blog* para ser conhecido. *Blog* para ser conhecível". Neste momento, responda para ser conhecível. Se você tem conhecimento e é útil, as pessoas comprarão de você.

Mitch Joel é o Presidente da Twist Image – uma agência de marketing digital e comunicações. A revista premiada Marketing Magazine *o apelidou de a "Estrela do Rock do Marketing Digital" e o chamou de "Um dos maiores visionários digitais da América do Norte".*

Em 2008, ele foi nomeado um dos 100 maiores profissionais de marketing on-line no mundo e recebeu um prêmio altamente prestigioso de Os 40 Mais Abaixo de 40. Mais recentemente, o Mitch foi nomeado um dos 25 líderes e inovadores de marketing na internet da iMedia. Seu primeiro livro, Six Pixels of Separation *(publicado por Grand Central Publishing), nomeado em honra ao seu* blog *e* podcast *de sucesso, é um* best-seller *de negócios e marketing.*

Para mais informações sobre Mitch, visite http://twistimage.com ou o siga no Twitter no http://www.twitter.com/mitchjoel.

A Porta Secreta: Oito Passos e Você Está DENTRO!

Por Richard Brasser

Uma das reclamações mais comuns que eu escuto de vendedores é que é extremamente difícil se conectar com os grandes executivos da empresa. Uma das principais razões é que existem barreiras intencionais colocadas no nosso caminho. Posso lhe garantir que a maioria dos pontos de acesso para aquele que toma as decisões é bastante fortificada com telas, guardas, muros altos e fossos cobertos de piche. No entanto, por meio do uso dos canais sociais, não apenas conseguimos aprender mais sobre nossos prospectos, podemos também nos conectar com eles e, melhor ainda, obter uma resposta.

Antes de mergulhar nas melhores maneiras de utilizar esta "porta secreta", é importante primeiro entender por que ela existe e quais motivações a mantêm aberta.

O crescimento das comunicações sociais por meio da internet marcou uma mudança significante na maneira como a tecnologia se alinhava e habilitava nossos instintos humanos. É a parte "humana" que faz com que esta mudança de paradigmas seja diferente e também seja a chave que estimula nossas motivações. A tecnologia tem avançado num ritmo incrível desde que o primeiro computador começou a piscar suas luzes. Repentinamente, podíamos fazer tarefas que antes eram impossíveis. Podíamos fazê-las mais rapidamente, e coisas altamente complexas tornaram-se relativamente mais fáceis.

Mais rápido e mais fácil era ótimo, mas também veio com uma alta probabilidade de dores de cabeça. Nada parece pior do que quando a tecnologia nos abandona num momento crítico, sem um conserto fácil. Independentemente, valeu a troca.

A tecnologia continuou desenvolvendo e auxiliando nas nossas comunicações. E-mails, webex, faxes, videoconferência, sistemas de telefone por IP e escritórios virtuais nos permitem trabalhar de quase qualquer lugar.

Isso era ÓTIMO! Mais ou menos. Tínhamos flexibilidade e mobilidade, mas estávamos nos tornando cada vez mais impessoais. Estávamos perdendo as interações e as conexões humanas muito rapidamente, e acabamos descobrindo que não eram as grandes coisas na vida que nos ligavam com outras pessoas, mas as pequenas. Era a trama delicada de ações diárias profissionais e pessoais, os *insights*, as perguntas e realizações que eram o tecido de nossos relacionamentos. Nós estávamos perdendo-os. E isso dava uma sensação de vazio.

Ao mesmo tempo e motivado pela mesma necessidade, uma ênfase estranha e valor estavam se tornando "notórios". Veja que eu não disse "famosos". Não era o desejo de ser famoso que as pessoas buscavam. Certamente seria muito bom ganhar sete medalhas de ouro ou ganhar um Oscar, mas era mais sobre ser percebido.

Em um mundo que estava se tornando cada vez mais anônimo, as pessoas apenas queriam que outras pessoas dissessem: "Eu te vejo e reconheço que você está aí".

Isso parece ser excessivamente dramático, mas preste atenção e você verá esta atitude em todos os lugares. Os candidatos aos *reality shows* não são motivados pelo dinheiro (embora tenho certeza de que eles não têm problemas com isso). Não são motivados pela necessidade de mostrar às pessoas suas habilidades impressionantes. Na realidade, nem se preocupam em como serão vistos. Estão fazendo o que for preciso para serem PERCEBIDOS.

A nova moeda está rapidamente se tornando "atenção" e motivando a maioria da mídia social. Pergunte a um adolescente de 18 anos de idade se ele preferiria ter US$ 50.000 ou um vídeo no YouTube com um milhão de visualizações, e tenho certeza de que você saberá a resposta.

ENTRE NO MUNDO DE TECNOLOGIAS SOCIAIS: Essas novas ferramentas conectadas com esses motivadores-chave. Elas satisfazem a nossa necessidade de conectar de maneira bastante humana e desenvolver uma rede de "seguidores" ou "fãs" que acham que você é interessante. O Facebook não atingiu as centenas de milhões de seus usuários em menos de seis anos porque tinha um bom produto ou oferecia um bom valor (embora de graça é sempre bom). Ele conseguiu isso porque se conectou a uma necessidade humana enraizada e o mundo é insaciável.

Então, por que você deveria se importar com isso? Porque o entendimento das necessidades e desejos básicos é tudo. As ferramentas e tecnologias certamente mudarão. Novas empresas estão sendo lançadas todos os dias, oferecendo versões um pouco diferentes das ferramentas existentes ou serviços totalmente novos.

Baseie sua estratégia e conhecimento nos princípios básicos, e você terá uma perspectiva sólida para avaliar qualquer mudança no cenário. Adicionalmente, entender as motivações do uso da mídia social de seus prospectos lhe ajudará a gerenciar o uso de sua própria mídia social e lhe dará um entendimento claro de o que está acontecendo.

Não apenas pegue essas dicas e aja sobre elas sem entender por que funcionam. Entenda por que elas funcionam, e você pode começar a pensar muito mais por conta própria e continuar a criar novas estratégias à medida que o ambiente muda e amadurece.

Lembre-se, estamos no despertar da comunicação social. Ela ganhou muito momento e atenção, mas ainda tem muito chão para atingir a maturidade. Toda a indústria se reinventa a cada 90 dias, e você precisa ter a habilidade de crescer com ela.

Se refletirmos sobre esses motivadores e começarmos a examinar o uso da rede social pelos executivos, começará a fazer sentido porque essas ferramentas proporcionam esse canal desobstruído para se conectar com eles pessoalmente.

Aqui estão três aspectos da rede social que abre a "porta secreta" e garante que você terá a habilidade de se conectar diretamente com seus prospectos:

1. A rede social é uma marca pessoal. Mesmo para a mídia social que está focada nos negócios, toda a estrutura social é construída ao redor de pessoas gerando conteúdo e crescendo suas redes. Talvez elas estejam tentando promover os produtos ou serviços de suas empresas, mas fazem-no como pessoas reais. A voz corporativa geral simplesmente não funciona bem na mídia social. Por quê? Motivador número um! É a personalidade e são os *insights* singulares com quem as outras pessoas querem se conectar, não a marca ou produto. O resultado disso é o executivo criando e administrando sua própria rede social. Resultados adicionais? Um canal direto em seu mundo.

2. A rede social é um rio. A rede social é uma conversa contínua. É difícil terceirizá-la. Você já tentou fazer com que outra pessoa fale no telefone por você quando você está de pé ao lado dela? Eventualmente você simplesmente diz: "Dê-me o telefone". Lembre-se, são pessoas se conectando com pessoas. Se alguém tiver a impressão de que você está gritando mensagens em uma direção no mundo da rede social, você será banido rapidamente. Este tipo de comportamento simplesmente não é tolerado. Assim sendo, os executivos não apenas estão administrando suas próprias contas, mas também estão verificando-as constantemente em busca de atualizações. Isso dá à sua mensagem uma chance maior de ser percebida. Compare esta abordagem a um e-mail. É possível que seu prospecto tenha cinco ou seis contas diferentes de e-mail. À medida que você se aproxima mais e mais, eles provavelmente são selecionados por outra pessoa antes de serem encaminhados para a conta direta. Mesmo se você tiver um endereço de e-mail direto, eles provavelmente recebem centenas deles por dia e acham mais fácil deletar ou ignorar sua tentativa de se conectar. Então, por que a rede social é diferente? Motivador número dois! As pessoas não ganham nada por responderem a um e-mail, mas desenvolvem sua rede e ganham notoriedade ao responder a uma menção na rede social.

3. A rede social é um aquário. O DNA central das redes sociais públicas dita que elas estão abertas e à vista para que todos a vejam. Um bom amigo (e alto executivo no Facebook) me explicou como isso é levado a sério quando disse que seus líderes lhe disseram: "O Facebook nunca construiria algo que fosse privado!" É sempre perigoso dizer "nunca", mas entenda que transparência e abertura estão no centro do que motiva a comunicação social. Assim sendo, você pode confiar que seus prospectos não estão se escondendo por trás de uma cortina de ferro corporativa de anonimato; eles estão brincando no mundo em plena vista. Eles estão motivados para se conectarem e se comportarem da melhor maneira possível. É como encontrar alguém em um evento. Eles serão bastante educados, gentis e respeitosos... porque é assim que eles querem ser percebidos e porque eles sabem que alguém está de olho. No escritório, eles podem ignorar seu telefonema, cancelar suas apresentações de vendas e não responder aos e-mails porque ninguém está de olho. As redes sociais permitem se conectar à MELHOR versão deste prospecto, e isso é maravilhoso.

Que mundinho alternativo incrível, onde seus mesmos prospectos são educados, receptivos, motivados para se conectarem e dispostos a interagirem! Ainda acha que a rede social é uma perda de tempo? Eu acho que não.

Contanto que você entenda como e porque esses motivadores funcionam, você poderá criar centenas de seus próprios exemplos e ser até mais eficaz. Lembre-se SEJA AUTÊNTICO! Isso não é sobre se aproveitar das pessoas ou manipulá-las em uma conversa. É sobre lhes oferecer valor real e ser uma pessoa real. Se você não está disposto a fazer isso, então não perca seu tempo. Nada sobressai mais do que um vendedor interesseiro no mundo da mídia social. Seja real, seja você mesmo e seja honesto; os resultados certamente virão.

Este é um exemplo real de como eu consegui uma reunião com o CEO de uma empresa de tecnologia grande e de prestígio ao fazer com que ele me encontrasse e me agradecesse. Soa estranho, não é mesmo?

AQUI ESTÁ O QUE ACONTECEU: Há muitos anos, eu respeitava ele e empresa dele. Comecei a seguir suas mensagens pelo Twitter. Percebi que ele tinha uma média de 75% a 25% entre trabalho e pessoal. Ele gostava de ser um líder de pensamentos profissionais em seu espaço e ficava agradecido quando alguém elaborava sobre esta questão.

De vez em quando, ele prestava atenção a certos tópicos e opiniões e se engajava em longas conversas. Essas mensagens pareciam ser as mais importantes para ele, e ele era receptivo a qualquer *feedback*. Eu o segui de perto e descobri uma de suas opiniões que realmente gostei e com a qual concordei. Eu retuitei a mensagem dele para minha rede adicionando "excelente opinião de um dos principais pensadores de vanguarda".

Você entendeu.

Eu também o mencionei em umas duas mensagens seguintes e lhe dei crédito por iniciar o pensamento que eu continuei. Alguns dias depois, recebi uma mensagem dele me agradecendo pelas minhas palavras sinceras. Eu respondi e expliquei que tenho sido fã dele já há algum tempo e como adoraria me conectar com ele da próxima vez que eu estivesse em Nova York.

Ele disse "sem problemas" e algumas semanas depois marcamos uma reunião. Tudo isso porque ele veio ao meu alcance e me agradeceu! Isso poderia ter sido conseguido por meio dos canais tradicionais de comunicação? Provavelmente não.

Você está se perguntando como começar?

Vamos dar uma olhada em oito passos profissionais para usar a rede social para obter um público com quase todos aqueles que você procura:

1. ENCONTRE SEUS PROSPECTOS. De qual rede eles participam? Onde eles gastam a maior parte de seu tempo? Faça uma lista e anexe-a ao perfil deles ou adicione-a às informações de contato que você tem deles.

2. SIGA-OS. Não apenas clique em "seguir", e depois os ignore. Siga-os realmente.

3. LEIA AS POSTAGENS DELES. Isso pode levar um pouco de tempo, mas resista à urgência de começar a se comunicar. Leia seus tuites ou outras postagens por um tempo, e você começará e sentir as sutilezas de suas comunicações. São essas sutilezas que provarão ser mais importantes em longo prazo.

4. COLETE INFORMAÇÕES. Uma boa maneira de ter uma perspectiva mais ampla do que está sendo dito é fazer um Tweet Deck (ou alguma outra ferramenta similar) para uma busca contínua pelo nome de Twitter deles e suas empresas. A natureza da rede social é que ela é um terminal e sistema falado, grande e complexo. Ao focar em apenas uma fonte, você poderá ter uma percepção distorcida. Descubra o máximo possível sobre o que está sendo dito.

5. ESCUTE. Não apenas ouça, mas realmente escute. Tente entender seus pontos de vista, suas predisposições, seus preconceitos e seus estilos. Neste ponto, é muito menos sobre as mensagens individuais e mais sobre a conversa em andamento. Eles são diretivos ou passivos, agressivos ou acomodados, egoístas ou modestos? Quando tentar entender o estilo de comunicação deles, é importante saber disso.

6. CONECTE. Se você fez as etapas anteriores, você está pronto para fazer a conexão.

Dependendo de onde eles estiverem passando mais tempo e como eles estão participando, sua abordagem irá variar dramaticamente, mas aqui estão algumas ideias gerais para começar:

A. Retuite algumas de suas mensagens mais impactantes. Adicione algumas de suas próprias palavras.

B. Mencione os nomes deles em seus tuites como tendo te influenciado ou te ajudado em sua vida de negócios. Seja honesto e direto. Eles verão as mensagens. Quase todos, não importa quão grande seja seu contingente de seguidores, se ligam quando seus nomes são usados.

C. Tuite sobre seus sucessos, artigos, imprensa e daí por diante. Seja partidário e eles apreciarão seus esforços.

D. Encontre grupos de LinkedIn relevantes no qual eles participam e ofereça respostas inteligentes e originais ou comentários. Os grupos de LinkedIn são uma maneira ótima de rapidamente "ter algo em comum" com seu prospecto. Também é provável que prospectos similares estejam no mesmo grupo, portanto, preste atenção a quem são os outros membros do grupo. Se um grupo não é "aberto", então você não poderá contribuir, mas você pode sempre referenciar a discussão em suas atualizações do LinkedIn ou Twitter.

E. Inicie tópicos que provavelmente engajarão seu público desejado. Você tem a habilidade de iniciar tópicos dentro ou fora de um grupo. Cuidado para não ser muito interesseiro ou fazer parecer que é uma emboscada. As pessoas ficam ressabiadas com vendedores que fazem perguntas que elas mesmas estão morrendo de vontade de responder. Você precisa ser um pouco mais criativo e inteligente a esse respeito.

F. Responda às perguntas que seus prospectos estão fazendo. Isso é algo básico, mas certifique-se de que suas respostas são úteis e impressivas.

7. ENTRE EM CONTATO. Envie uma mensagem direta para eles ou tente se conectar de maneira mais significativa. No LinkedIn, você poderá pedir a alguma outra pessoa na sua rede para apresentá-lo. No Twitter, você poderá enviar uma mensagem direta se eles também estiverem te seguindo. Use outros canais de comunicação e referencie a rede social onde você os percebe. PALAVRA DE AVISO: Não tente ser amigável com pessoas no Facebook que você não conhece ou que tem um relacionamento apenas de negócios. Você pode "Curtir" suas páginas comerciais no Facebook, mas as páginas pessoais no Facebook são seu mundo privado e, a menos que você seja convidado, respeite-os. Recomendamos também que você não se conecte diretamente no LinkedIn a menos que você os conheça. Na realidade, é contra as diretrizes dos usuários tentar se conectar com alguém que você nunca conheceu. Se você nunca os conheceu e não consegue encontrar alguém para apresentá-lo, o perfil público deles é a única informação que você deveria usar. Tenha respeito e seja honesto com sua abordagem.

8. ALINHE-SE COM AS PESSOAS QUE VOCÊ SABE QUE ELES SEGUEM E PRESTE ATENÇÃO. Se você escutou as atualizações deles direitinho, saberá quem eles respeitam e quem eles não respeitam. Ter alguém que ambos respeitam é uma grande conexão comum. Retuite ou mencione essas pessoas e seus prospectos provavelmente também verão essas postagens.

A geração de vendas é, muitas vezes, um jogo de números, e é atraente tentar e jogar uma rede ampla.

No entanto, gastar um pouco de tempo extra tentando conhecer a pessoa por trás do alvo vale o esforço. Ao entender verdadeiramente a motivação humana e os motivadores para a explosão da rede social, você receberá enormes dividendos e conseguirá navegar facilmente ao redor das barreiras tradicionais e encontrar a "porta secreta" para o sucesso.

Com mais de 11 anos de experiência no mundo da mídia interativa, Richard Brasser tornou-se um dos especialistas líderes em mídia social e marketing interativo.

Como um renomado palestrante, autor e pensador de vanguarda, Richard tem sido o palestrante para a conferência Inc.500, membro da diretoria do "Entrepreneur Roadmap" para a fundação Kauffman e membro da Força Tarefa da Mídia Social para a NASDAQ.

Desde que fundou o The Targeted Group em 1999, Richard tem ajudado algumas das marcas líderes dos EUA a criarem suas estratégias de rede social e iniciativas bem-sucedidas na mídia interativa. Auxiliando nos programas de marketing estratégico para empresas como SAP, Siemens, Citibank, Smith Barney, Avaya Nortel, GMAC, Pepsi e RSM McGladrey, Richard afiou seu entendimento sobre como criar envolvimento e valor duradouro usando as estratégias sociais.

Você pode segui-lo no Twitter no http://twitter.com/socmedia365.

O BOOM DO FACEBOOK!

A Diferença entre Mídia Social e Mídia Social para Negócios no Facebook

Dê uma olhada na sua página de perfil no Facebook.

Você vê todos os tipos de fotos suas, de seus amigos e de seus familiares? Isso não parece muito condizente com negócios. Está mais para comportamento tolo. Quase como uma sala de bate-papo para que todos seus amigos vejam sua vida, e para você ver a deles.

Embora seja na sua maioria positivo, algumas contêm drama, e tudo isso está aberto.

Agora, tire um tempinho e dê uma olhada em algumas páginas de mídia social para negócios. Elas são fáceis de achar. Todas as grandes corporações têm uma. Olhe essas primeiramente e, em seguida, tente encontrar algumas páginas de empresas pequenas. Em seguida, procure os seus concorrentes, talvez procure até mesmo sua empresa. Tire um tempo para pesquisar no Facebook antes de continuar lendo.

Agora, pense em todos seus clientes, seus prospectos, seus fornecedores, seus contatos comerciais e suas conexões comerciais. O que você pode fazer para convidá-los ou, eu devo dizer, incitá-los a "curtir" sua página para negócios no Facebook?

DICA: A palavra-chave é valor.

A EXPLICAÇÃO MAIS PROFUNDA É: Descubra o que seria valioso para eles e o que os incitaria a se juntar a você e outras pessoas para trocar informações ou colher informações que os ajudariam a construir seus negócios com ideias e ações implementáveis.

Quando eles veem exemplos suficientes de outros, eles terão o incentivo de postar coisas sobre eles mesmos.

> O termo "página" no Facebook é um termo errôneo. Ele deveria ser uma "comunidade" onde todos seus clientes, seus clientes prospectivos e mesmo seus fornecedores achariam que você é o ponto focal para disseminação das informações.

Não é difícil, mas é preciso trabalho e respostas consistentes da sua parte. E este trabalho se traduzirá numa posição de liderança, uma reputação estrelar e dinheiro, se feito corretamente.

Há uma página no Facebook para a qual eu gostaria de direcioná-los. A minha. Veja os exemplos que estou dando, veja as respostas que ofereço e veja os comentários que as pessoas fazem depois que elas participam de um dos meus seminários, leem um dos meus livros ou recebem minha revista eletrônica semanal.

AQUI ESTÁ MEU SEGREDO: Quanto mais eu dou, mais atraente eu me torno, quanto mais envolvimento eu crio, mais conexões eu ganho. Esta certamente não é uma fórmula secreta, mas é uma receita cujos ingredientes não serão cozidos por conta própria. Você é o chefe, o líder e é também o garçom.

Bon appétit!

Ah, Não, Facebook, Não! AHHHHHHHHHHHHHH!

Como é a política da mídia social de sua empresa?

Provavelmente míope.

Mídia social, ou rede social – melhor definida pelos grandes participantes Facebook, LinkedIn, Twitter e YouTube –, tornou-se mais do que um fenômeno global. Quando combinada com sua presença e alcance on-line, é um fenômeno comercial global e um fenômeno que gera receitas. Se for feita corretamente.

Muitas empresas estão usando a mídia social.
Muitas empresas não estão usando a mídia social.
Muitas empresas proíbem a mídia social.
Muitas empresas estão tentando descobrir o que fazer.

Acorde e sinta o cheiro dos retuites! A mídia social não está aqui apenas para ficar, mas os poucos que estão bastante envolvidos também estão (silenciosamente) colhendo os benefícios.

Por que silenciosamente? Porque eles não querem que seus (estúpidos, tolos, tecnofóbicos) concorrentes acordem e façam como todo mundo.

AVISO PARA A GERÊNCIA MÍOPE QUE TEM MEDO DE DEIXAR O NOVO MUNDO ENTRAR: Presumo que seu pacote de seguro-saúde inclui sangrias.

REALIDADE: Há um enorme fator confiança em jogo – você não pode tratar seus vendedores como crianças e esperar que eles ajam como adultos.

O que sua gerência está dizendo ao restringir o acesso à mídia social é:

- **Não confiamos que nossos funcionários farão as coisas certas.**

A gerência também está dizendo:

- **É assim que queremos que nossos funcionários jovens percebam a gerência.**
- **Queremos criar uma abertura para a concorrência roubar nossos clientes.**
- **Queremos criar uma abertura para a concorrência contratar nossos funcionários insatisfeitos.**
- **Queremos criar uma abertura para uma enorme questão de moral.**
- **Queremos criar uma questão de boca a boca sobre nossa baixa tecnologia e confiança.**
- **Queremos criar a percepção para os clientes sobre a nossa tecnologia inferior.**

E, pior de tudo:

- **Queremos perder a chance inacreditável de *feedback* de nossos clientes.**

Aqui está o que a gerência deveria estar fazendo:

IDEIA: Criar um programa de treinamento em mídia social para o que ela é, como ela funciona e o que fazer para ter sucesso.

IDEIA MELHOR: Buscar ajuda profissional.

A MELHOR IDEIA: Quando você estabelece as diretrizes, diga aos funcionários o que eles PODEM fazer e não o que eles não podem fazer.

Aqui está uma lista de 3,5 coisas para fazer quando você entra no mundo da mídia social:

1. **Use outras pessoas de sucesso como modelo.**
2. **Crie atração por meio de valor e informações valiosas oferecidas.**
3. **Ofereça valor antes de pedir dinheiro.**
3,5. **Não apenas coloque o dedão na água. Mergulhe de cabeça!**

Precisa de mais realidade?

- **Existem 500 milhões (e aumentando) de pessoas no Facebook** – Quem é seu fã? Quem te "curte"?
- **Existem 65 milhões de homens de negócios no LinkedIn** – Qual sua parte de conexões e prospectos?
- **Existem 175 milhões de pessoas no Twitter** – Como você envia mensagens de valor para milhares de clientes e prospectos – de graça?
- **Existem milhões de vídeos postados no YouTube todos os dias** – Por que alguns deles não são seus?
- **Existem milhões de vídeos no YouTube assistidos a cada MINUTO** – Por que seus clientes não estão assistindo os seus?

REALIDADE 1: A pressão de vendas existe para TODAS as empresas. Manter o volume, melhorar, sobreviver, obter lucro e se apressar. Saia e faça mais chamadas frias – gere mais atividade (o que quer que isso signifique).

REALIDADE 2: A mídia social é a nova oportunidade e você ainda continua discando em busca de dinheiro, ou gastando asfalto? Que tal tentar teclar em busca de conexões?

REALIDADE 2,5: É bom a gerência de vendas e a alta gerência perceberem isso, ou eles começarão a apodrecer em sua própria incompetência.

Por coincidência, eu estava em Kitchener, Ontário (Canadá, para aqueles que são geograficamente atrasados), para realizar um seminário para um grupo de pessoas de tecnologia que queriam vender melhor e mais – pessoas que não são vendedores natos. Como eles me acharam? Ah, na internet! Por meio da minha revista eletrônica, minha página no Facebook e meus tuites.

Pergunte a você mesmo...

    Quantas pessoas estão me encontrando?

    Quem é meu fã?

    Quem está me seguindo?

    Quem está me retuitando?

    Quem está se esforçando para se conectar comigo?

RESPOSTA: Não o número suficiente de pessoas!

E para vocês que estão para me enviar um e-mail dizendo que estão fazendo chamadas frias por mais de 20 anos e blablablá – vá ligar seu *laptop*. Você tem razão. As chamadas frias funcionam.

Uma em cada 100 vezes.

Dica do *Git* Grátis... Encontrei algo que acredito que irá interessá-lo. É a visão de um diretor executivo de marketing sobre o que fazer para ser eficaz em cada uma das plataformas da mídia social. Não é o evangelho, mas é uma perspectiva que eu acho que vale a pena ser lida. Veja por você mesmo. Vá até http://www.gitomer.com e insira a palavra CMO na caixa de *GitBit*.

O Que Eu Deveria Tuitar?
O Que Eu Deveria Postar?
Como Eu Deveria *Linkar*?

A maioria das pessoas não sabe o que dizer on-line, o que fazer on-line ou o que fazer com a mídia social. E este é um clube com mais de 700 milhões de membros.

Tem de haver uma oportunidade em algum lugar.

AQUI ESTÁ A REALIDADE DO PENSAMENTO: Pare de pensar nela como mídia social e comece a pensar nela como mídia social PARA NEGÓCIOS.

Imediatamente as coisas começam a clarear. Você já está usando o LinkedIn como uma proposta de negócios. Você está obtendo contatos, encontrando prospectos, buscando por empresas e títulos, por pessoas qualificadas para com as quais *linkar*. Talvez você esteja procurando por um emprego ou um emprego melhor.

Por que não usar o Facebook, Twitter e YouTube da mesma maneira?

Por que não criar mensagens de valor diárias/semanais/mensais que seus clientes achariam tão interessantes e informativas que eles as guardariam, imprimiriam, as colocariam em ação e as encaminhariam para outras pessoas?

Parece bem mais potente do que fazer chamadas frias e tatear, agarrar, implorar e manipular seu caminho para uma visita (que mais provavelmente resultará em rejeição) mesmo se você usar sua "técnica de fechamento" mais recente, mais elaborada.

A chamada fria é uma piada tão cruel nos dias de hoje.

A REALIDADE DE HOJE: Faça o que puder para usar a mídia social para negócios para desenvolver a marca, a imagem, reputação e valor percebido com seus clientes e sua comunidade de negócios.

SEU DESAFIO: Enviar mensagens que seus clientes percebam que são valiosas para eles. Mensagens tão valiosas que eles contarão para outras pessoas.

REALIDADE DA MÍDIA SOCIAL PARA NEGÓCIOS: Não é sobre procurar por alguém no Facebook; é alguém encontrar a sua página de negócios no Facebook e se conectar a ela. Não é sobre encontrar alguém no LinkedIn; é sobre eles te encontrarem e quererem se conectar com você. Não é sobre tuitar; é sobre ser retuitado. Não é sobre postar um vídeo no YouTube; é sobre alguém enviar seu vídeo para outra pessoa.

"Mas Jeffrey", você se queixa, *"Como eu sei o que é mais importante ou mais valioso para os MEUS clientes?"*

PENSE: O que ajudará seus clientes a produzir mais, ter mais lucro, entender o que há de novo no mercado, melhorar a moral, melhorar a atitude e/ou melhorar suas vidas? Então escreva sobre isso, tuite sobre isso e poste isso no Facebook.

DICA PRINCIPAL: Muitas pessoas tuitam ou postam algo que outra pessoa disse. ERRADO. Não é o que alguém disse que é significativo para sua posição como uma pessoa de valor na mídia social para negócios; é o que *você* diz, o que *você* pensa, o que *você* passou e o que *você* acredita que seja verdadeiro.

FAÇA ISSO: Se você vende vasos sanitários, precisa falar sobre encanamento. Se vende seguro, precisa falar sobre proteção ou paz de espírito. Se vende roupas, precisa falar sobre tamanhos e moda. Se vende automóveis, precisa falar sobre férias e segurança dos automóveis. Se vende imóveis, precisa falar sobre construir o patrimônio, reformas e segurança das áreas externas.

AUTOTESTE DA MÍDIA SOCIAL PARA NEGÓCIOS

- **Faça uma lista das suas últimas 10 postagens no Facebook.**
  Quantas pessoas "curtiram" sua página? Você tem uma página de negócios?

- **Faça uma lista das 10 medidas que você tomou, ou mensagens que enviou no LinkedIn.** Alguém se juntou a você ou quis se conectar como resultado delas?
- **Faça uma lista de seus últimos 10 tuites.** Eles são relevantes para seu sucesso nos negócios? Eles ajudaram outros de alguma maneira? Quantos foram retuitados?
- **Liste os últimos 10 vídeos que você postou no canal do YouTube.** Você está postando mensagens de valor que seus clientes e prospectos assistiriam, aprenderiam e pensariam em você como um recurso? Algum vídeo testemunhal foi postado no seu canal do YouTube? (Vídeos testemunhais curtos ajudam os clientes prospectivos a comprar e reforçam seu próprio sistema de crença.)

Existem todos os tipos de livros e seminários disponíveis sobre a mídia social e a mídia social para negócios. Eu recomendo que você leia o máximo que puder. E minha maior recomendação é: COMECE AGORA.

Estou lançando um desafio. Estou listando as oportunidades. Estou fornecendo o *know-how*.
O resto depende de você.

Toda mídia social para negócios está interconectada.

Você precisa fazer TODAS elas consistentemente para obter resultados efetivos. E tem de fazê-las bem se espera monetizar seus esforços.

JEFFREY GITOMER

Começar sua Própria Página de Negócios no Facebook

Aqui está uma fórmula de sucesso em 5,5 partes:

1. Reúna os endereços de e-mail de cada um de seus contatos de clientes. Poderá haver três ou quatro conexões em um local. Em seguida, reúna todos seus clientes prospectivos, tenha ou não falado com eles (endereços de e-mail e nomes). Reúna todos seus fornecedores, conexões primárias e o CEO de cada fornecedor que você tem. Se houver usuários finais envolvidos na sua corrente de vendas, também reúna o máximo possível. Quantos nomes e e-mails você tem? Nunca pense: "Eu não tenho nomes suficientes". Mesmo se você tiver apenas 50, essas pessoas são seus defensores leais, você pode começar a criar sua própria página de negócios no Facebook.

2. Comece a reunir o conteúdo valioso que seus clientes perceberiam como usáveis e lucrativos. Informações que eles considerariam tão valiosas que eles encaminhariam para outras pessoas. Reúna muitas. Pense dessa maneira: Cada parágrafo que você tem pode ser a postagem de um dia. Não comece sua página de negócios sem pelo menos 30 dias de postagens.

3. Tenha sua página de negócios gráfica e estrategicamente elaborada. Algumas vezes, vale a pena gastar. Se você procurar e contratar ajuda profissional e crível para o *design* e a estratégia, você obterá resultados incríveis. Embora a habilidade para alterações gráficas dentro do Facebook seja limitada, isso não significa que você não pode usar ao máximo o que está disponível. Como sua página se parece para os outros e o valor do que você posta, cria o poder de atração. O modo como você se conecta a outras portas de "você" desenvolve seus seguidores, sua reputação e seus holofotes.

4. Sua página no Facebook tem de ser uma porta de vaivém. Pessoas que são atraídas pelo valor e pessoas que podem imediatamente clicar para descobrir mais sobre você.

5. Use minha página como um guia. Ela foi projetada para certificar que eu tenho conexão com todas as outras mídias sociais para negócios e todas as outras formas de atração. Ela até tem uma vídeo de boas-vindas que descreve o que a página faz de forma que as pessoas não hesitarão em me "Curtir".

5,5. Faça a assinatura de Ace of Sales (www.aceofsales.com) para criar os e-mails mais legais do planeta. E em seguida construa um e-mail curto convidando as pessoas para que se juntem a você.

Aqui está o que o e-mail deveria dizer:

Olá, (nome da pessoa)

Acabei de criar minha página de negócios no Facebook e fiz isso pensando em você. Várias vezes por semana eu postarei informações que você poderá usar imediatamente, assim como outras empresas, clientes e fornecedores também poderão fazer o mesmo.

Estou no processo de criação de uma comunidade sobre (fale sobre seus produtos e sua empresa). Clique aqui para chegar à minha página e em seguida clique em "Curtir" para se juntar à comunidade.

Prometo que você se divertirá e obterá valor dela.

Cordialmente,

O BOOM DO LINKEDIN!

A Diferença entre Mídia Social e Mídia Social para Negócios no LinkedIn

Boas novas! O LinkedIn já é "para negócios".

Vá até sua página do LinkedIn e veja três coisas:

1. **Quantas conexões você tem?**
2. **Quantas recomendações você tem?**
3. **Qual é a sua declaração resumida?**

Dê uma olhada na minha. Tenho mais de 500 conexões – o número real até hoje é de mais de 5.000, o que me coloca no topo de 2% dos 85 milhões de participantes no LinkedIn. São muitas conexões, ou eu deveria dizer, *muitas conexões possíveis.*

Essas três estatísticas da página frontal determinam sua proeza e prospecto no LinkedIn.

Proeza é a reputação que você tem quando outras pessoas veem a sua página. Prospecto é sua condição presente e o que espera alcançar com base no que existe e quais oportunidades para crescimento você tem.

O LinkedIn é fundamental para a mídia social para negócios. O LinkedIn é onde você deveria dedicar a maior parte de sua energia durante a formação inicial do seu processo de BOOM Social! O LinkedIn requer que você tenha alguma astúcia como pessoa para que, quando seu nome for clicado, mostre alguns motivos pelos quais alguém gostaria de se conectar com você.

O LinkedIn não é um nenhum evento frívolo de rede, onde você passa coletando conexões como coleta cartões de visitas. Não funciona assim.

As pessoas precisam ter um motivo para quererem se conectar com você. Caso contrário, elas pressionarão "Arquivar" ou "Deletar".

VEJA BEM: O LinkedIn também é o lugar onde você pode anunciar sua capabilidade ao se juntar a grupos e criar mensagens atualizadas em seu perfil.

EXEMPLO: Eu pertenço a um grupo chamado Sales Gravy, onde as pessoas postam discussões. Ocasionalmente, eu posto uma resposta em uma das discussões. Tento ser provocante sem ser provocador, mas para aqueles que me conhecem, isso nem sempre funciona. Todas as vezes que postei um comentário no Sales Gravy, 10 pessoas queriam se conectar comigo. O Sales Gravy tem aproximadamente 7.000 membros e mais de 200 estão na minha lista de conexões.

Eu peço às pessoas para se conectarem. Sempre que fico sabendo de alguém, que conheço alguém, recebo um e-mail de alguém ou crio um novo contato de vendas, a primeira coisa que faço é ir ao LinkedIn para descobrir mais sobre esta pessoa e pedir a ela que se junte à minha rede. Eu nunca uso o convite padrão do LinkedIn. Se vou pedir a alguém que se junte a mim, personalizo a mensagem.

Volte para minha página no LinkedIn e dê uma olhada em algumas das recomendações que as pessoas me deram. Essas pessoas disseram coisas legais sobre mim, todas baseadas em eventos que aconteceram fora do LinkedIn e fora da mídia social.

O que você está fazendo fora da mídia social que está atraindo pessoas para dentro da mídia social?

A mídia social é UM tijolo na sua fundação de sucesso, mas ela não é, nem de longe,

o único tijolo. Meus livros, meu artigo semanal, minha revista eletrônica semanal, minhas palestras e minhas aparições em público são outros tijolos na minha fundação.

Quanto mais tijolos você tiver na sua fundação, mais sucesso você terá no LinkedIn e na mídia social para negócios em geral.

JEFFREY GITOMER

Os Quinze Imperativos do LinkedIn

Por Joe Soto

Vamos fazer de conta que recentemente foi anunciado que o maior evento de rede do mundo estava aberto para que você participasse. Vamos também fazer de conta que você sabia que seus clientes e prospectos estariam lá para conversar, compartilhar ideias, colaborar em projetos, adicionar valor e ficar frente a frente. Você iria? Com que frequência você iria se este fosse um evento contínuo com convite em aberto?

RESPOSTA: Quantas vezes fosse possível!

Se você não incorporou o LinkedIn em seu mix de marketing, considere as mais recentes estatísticas de acordo com o site *do LinkedIn na internet:*

- **O LinkedIn tem mais de 85 milhões de membros.**
- **Em aproximadamente cada segundo, um novo membro se junta ao LinkedIn.**
- **Executivos de todas as empresas da Fortune 500 são membros do LinkedIn.**

Sugiro que você aprenda a trabalhar com o LinkedIn antes de seus concorrentes.

Você está fazendo com que o LinkedIn seja muito difícil? Ou confundindo-o com algo que ele não é? Parece que a maioria das pessoas acredita que ele é mais bem usado como um *site* de rede social para postar seu currículo.

O poder e alcance do LinkedIn excede o uso do *site* apenas como uma maneira de encontrar uma nova carreira.

O *LinkedIn é uma maneira poderosa de:*

- **Se diferenciar e ser encontrado em um mar de concorrentes.**
- **Gerar uma fonte infinita de prospectos para você e sua empresa.**
- **Administrar sua reputação on-line e realçar seus pontos fortes.**
- **Colaborar em projetos, e compartilhar arquivos e ideias com as conexões.**

- **Fazer o *networking* com profissionais que pensam como você que serão parceiros referenciais pela vida toda.**
- **Fazer conexões importantes que poderão ajudá-lo a fechar negócios.**
- **Postar e distribuir listagens para encontrar o melhor talento para sua empresa.**

Para ficar na extremidade receptora desses benefícios, você precisa fazer algumas coisas deliberada e consistentemente toda semana.

Não existe um piloto automático no LinkedIn. Você não pode ajustar algumas configurações e seguir em frente. O LinkedIn não fará o serviço para você.

Aqui estão os 15 imperativos do LinkedIn que, se forem trabalhados com sucesso, mudarão a maneira como você comercializa e se conecta com outras pessoas on-line:

1. Complete seu Perfil. O LinkedIn é muito fácil de usar. Não há desculpa para não completar 100% seu perfil no LinkedIn.

2. Atualizar e Engajar-se com Frequência com suas Conexões. Você não pode esperar que as pessoas prestem atenção em você se você nunca tem nada a dizer, comentar ou contribuir. Você deve ver o LinkedIn como uma ferramenta de interação e participar nas conversas.

3. Recomende Outras Pessoas. Não apenas peça recomendações. Surpreenda alguém e faça uma recomendação. Isso fortalecerá seu relacionamento e colocará o seu link no perfil de alguma outra pessoa. Muitas vezes suas conexões serão recíprocas.

4. Solucione o Problema de Outras Pessoas. Se você não estiver usando a seção de LinkedIn Answers, está deixando escapar a oportunidade de exibir sua experiência. O LinkedIn Answers proporciona um fórum aberto para resolver os problemas de outras pessoas e fazer perguntas (de qualidade) para fazer com que as pessoas se envolvam com você.

5. Entre e Participe de Grupos. Entre nas conversas que estão acontecendo todos os dias no LinkedIn, e participe de grupos de interesse que sejam relevantes para que você possa adicionar valor. Se as pessoas apreciam seus comentários, elas poderão se conectar com você e eventualmente precisar de seu produto ou serviço.

6. Comece seu Próprio Grupo. Não apenas entre para os grupos, crie seu próprio grupo sobre um tópico de interesse para a sua área de experiência ou sobre um tópico de destaque que seja interessante para as pessoas com as quais você quer se conectar.

7. Faça uma Busca por Empresas e Colha Novos Prospectos. Crie uma lista dos seus 50 maiores prospectos de empresas; em seguida, faça uma busca sobre cada uma deles na seção "empresas" do mecanismo de busca do LinkedIn. Quando clicar na empresa que você está procurando, verá que ela lista em seu perfil todos seus funcionários (incluindo aqueles que tomam decisões) que também têm perfis no LinkedIn. Seus prospectos estão no LinkedIn, você apenas precisa procurá-los.

8. Responda a Todos que se Comunicam com Você. No LinkedIn, os relacionamentos podem ser começados, desenvolvidos e transformados em negócios para você, com o passar do tempo. Mas você precisa estar em dia com suas respostas.

9. Monte o Aplicativo SlideShare e Adicione Valor. Adicione algum apelo visual ao seu perfil. Qual a sua proposta de valor? Coloque-a num PowerPoint, baixe para o SlideShare (grátis) e coloque no seu perfil do LinkedIn.

10. Mude seu *Status* Regularmente. Você ficará surpreso em ver quantas pessoas respondem ao seu *status*, assim como eles o fazem no Facebook.

11. Coloque um Vídeo no seu Perfil. Com o aplicativo do Google Presentation é fácil colocar um vídeo no perfil do LinkedIn. Um vídeo é a melhor maneira de diferenciar seu perfil do de outras pessoas.

12. Promova seu *Blog*. Se você tem um *blog* (e deveria), você pode alimentá-lo no seu perfil do LinkedIn, o qual será atualizado com a mesma frequência com a qual você atualiza seu *blog*. Esta é outra maneira excelente de adicionar valor para outras pessoas por meio de seu perfil.

13. Adicione um Portfólio. Com o aplicativo Behance você pode exibir seus clientes, seu trabalho criativo e vídeos adicionais. É grátis, fácil de usar e suporta um conteúdo ilimitado de multimídia.

14. Integre o Twitter. Quer aumentar seus seguidores no Twitter? Integre os aplicativos do Twitter no seu perfil do LinkedIn de forma que suas conexões possam participar das conversas no Twitter.

15. Alavanque o Poder de Busca no LinkedIn e Seja Encontrado. O LinkedIn é um mecanismo de busca e tem autoridade respeitável no Google.

Insira seu nome no Google e, se você tiver um perfil no LinkedIn, ele provavelmente aparecerá na primeira página do Google. Isso demonstra a autoridade de classificação do LinkedIn no Google.

O mecanismo de busca no LinkedIn em seu *site* na internet é onde você também quer aparecer. Não apenas pelo seu nome, mas também pelas palavras-chave que as pessoas estão buscando para pessoas como você. Se alguém digitar "planejamento financeiro", os resultados que eles verão são todos os perfis que tenham as palavras-chave "planejamento financeiro" neles. Na realidade, haverá muitas páginas e milhares de perfis que aparecem nos resultados.

Se você é um planejador financeiro, quando alguém digita "planejamento financeiro", você quer ter as melhores chances de aparecer no alto nos resultados das páginas de busca. Idealmente, você quer aparecer nas primeiras duas páginas.

Aqui está um processo simples para se classificar muitas vezes na primeira página dos resultados de busca no "busca por pessoa" no LinkedIn (este processo pode não funcionar todas as vezes, mas funcionará na maioria delas se for feito corretamente):

1. Faça o máximo de seu título. Seu título é sua primeira impressão. É o que as pessoas leem nos resultados de busca, e muitas vezes é a primeira coisa que eles leem quando entram no seu perfil. É também o que o mecanismo de busca no LinkedIn escaneará primeiro em busca de relevância. Você pode usar até 120 caracteres no seu título, portanto, aproveite-o ao máximo.

2. Faça com que sua experiência de trabalho atual e passada sejam ricas em palavras-chave. As pessoas podem não ler todo o seu histórico de trabalho, mas o mecanismo de busca encontrará palavras-chave relevantes para o que as pessoas estão procurando quando buscam perfis. Sem soar redundante ou importuno, complete sua experiência de trabalho para incluir suas palavras-chave quando puder. O LinkedIn lhe proporciona até 1.000 caracteres para descrever sua posição na área de descrição, portanto, aproveite-a ao máximo ao inserir palavras-chave relevantes.

3. Aproveite ao máximo a seção de Resumo. A seção de Resumo é a mais ignorada, ainda assim é a área mais aberta para você incluir as palavras-chave. O LinkedIn permite que você use até 2.000 caracteres na seção de Resumo. Use todos os 2.000 caracteres para fazer declarações ricas em palavras-chave e um resumo dos benefícios ricos em palavras-chave de como você é valioso.

4. As Especialidades deveriam ser iguais às palavras-chave. A seção de Especialidades é onde você deve listar quantas especialidades ricas em palavras-chave conseguir (até 500 caracteres). Por exemplo, se você é um planejador financeiro, poderá listar especialidades com palavras-chave como planejamento financeiro, gestão financeira, planejamento da aposentadoria, gestão de dinheiro e daí em diante.

5. Adicione links na internet ricos em palavras-chave. Na área de edição dos *sites* na internet, em vez de mostrar "My blog" ou "My Website" de *default*, clique em "Editar" e, em seguida, clique em "Outro". Um campo adicional será aberto para você inserir uma palavra-chave que descreve como as pessoas podem buscar para encontrar sua empresa. Se você é um planejador financeiro, coloque a frase "Planejamento Financeiro" no lugar de "My Website" e faça um *link* para sua página na internet quando as pessoas clicam na frase com as palavras-chave. Para seu *blog*, coloque "*blog* de planejamento financeiro" como a frase com as palavras-chave.

Se você é um profissional nos negócios, não tem como ainda não estar usando o LinkedIn. Agora você tem os 15 imperativos do LinkedIn para iluminar seu próprio caminho na rede social profissional mais popular.

LEMBRE-SE: O LinkedIn funcionará para você, se você estiver disposto a trabalhar um pouco. Comece a aproveitar o LinkedIn hoje antes que sua concorrência o faça.

Joe Soto é um especialista líder no marketing na mídia social com mais de 10 anos de experiência em todos os aspectos de vendas, marketing, geração de prospectos on-line e marketing na internet.

Ele é o fundador e Chief Social Strategist de One Social Media LLC (http://www.onesocialmedia.com) uma agência de marketing na mídia social nacionalmente conhecida. Sua empresa tem tido um papel importante no lançamento de campanhas na mídia social para empresas locais, regionais e nacionais e marcas por todos os Estados Unidos. Os clientes variam entre uma ampla variedade de indústrias.

Conecte-se com Joe no LinkedIn no http://www.linkedin.com/in/josephsoto.

A Venda é Social. Como Alavancar a Mídia Social para Fazer Vendas

Por Noah Rickun

O LinkedIn é de longe o mais valioso de todos os *sites* de mídia social para os vendedores. Diferentemente do Facebook, Twitter e YouTube, o LinkedIn é sempre sobre negócios, o tempo todo. De maneira interessante, a maioria dos vendedores pouco tem feito com o LinkedIn, além de se inscreverem e preencherem alguns detalhes do currículo. Péssima atitude.

Eu tenho usado o LinkedIn para arranjar prospectos, marcar hora, me conectar, descobrir, relatar, preparar, engajar, atrair, qualificar, fechar e ficar em contato com os clientes. Quando escrevia este artigo, eu tinha cerca de 2.500 conexões. Esses 2.500 "amigos e colegas confiáveis" (como definido pelo LinkedIn) me conectaram a 689.700 amigos de amigos e quase 13.000.000 de usuários em três graus. A meta é proporcionar conteúdo valioso, relevante e envolvente que suas conexões irão querer compartilhar com as conexões *deles*. Em *O Livro Negro do Networking*, o Jeffrey escreveu: "Não é quem você conhece, é quem te conhece". No LinkedIn, é quem TE conhece e quem ELES conhecem!

Existem duas maneiras de se tornar conhecido no LinkedIn – Answers[1] (Respostas) e Groups[2] (Grupos). Eu sugiro que você gaste um tempinho aprendendo mais sobre ambos e, em seguida, comece a interagir com outras pessoas, respondendo perguntas sobre as quais você tem um conhecimento singular ou especial e participando de grupos aos quais seus clientes e prospectos pertencem.

Como você sabe a quais grupos seus clientes e prospectos pertencem? Visite o perfil deles, role o cursor até a parte inferior da página e os grupos deles estarão listados bem ali!

Você pode se juntar a até 50 grupos e minha sugestão é que o faça o mais rápido possível. Uma vez em um grupo, você pode convidar os membros para que se juntem a você em dois cliques. É o método mais fácil de se conectar no LinkedIn e é um método que a maioria das pessoas ignora.

Na realidade, sugiro que você participe de 49 grupos e então crie seu próprio. Encontre um tópico de seu interesse (você não precisa saber nada

---

[1] http://learn.linkedin.com/answers/
[2] http://learn.linkedin.com/groups/

sobre o tópico, mas precisa estar disponível para dedicar uma quantia de tempo significante para pesquisar, compartilhar e discutir sobre ele), faça uma busca no LinkedIn para ter certeza de que ninguém já criou exatamente o mesmo grupo e vá em frente.

Aqui está o porquê e o como...

... você deveria criar um grupo no LinkedIn:

1. **Você passa a ser conhecido como uma pessoa de valor.** Mesmo se você não fizer nada mais do que criar o grupo e postar perguntas interessantes e *links* para artigos, será para sempre reconhecido como o dono do grupo.

2. **As pessoas vão querer se conectar com você como o dono.** Eu recebo novos convites diariamente de membros do grupo que acham as discussões interessantes. É uma maneira fácil de aumentar a sua rede.

3. **Você controla a discussão.** O conteúdo depende inteiramente de você – o que significa que poderá liderar a discussão de maneira que seja interessante para você e para seus prospects.

4. **Você atrai a atenção para si mesmo.** Cada e-mail do grupo tem você como dono – os receptores clicarão no seu perfil.

5. **Como dono do grupo, você tem comunicação instantânea com todos os membros.** Se quiser enviar uma mensagem para todos eles, precisa de apenas um clique. É o único local no LinkedIn que te permite enviar e-mails em bloco para mais de 50 pessoas de uma só vez.

6. **Seus prospects vão te procurar.** Se você criar um grupo correto, liderar as discussões corretas e se apresentar como uma fonte.

Como Criar, Promover, Moderar e Alavancar seu Próprio Grupo no LinkedIn:

1. De quase qualquer página no LinkedIn, selecione a aba *Groups* (Grupos) no banner no topo da página (veja a Figura 1).

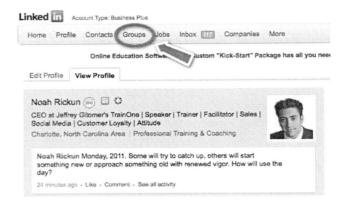

Figura 1

2. Em seguida, selecione *Create a Group* (Criar um Grupo) (veja a Figura 2).

Figura 2

3. **Preencha os campos na página seguinte (veja a Figura 3).** Certifique-se de que sua descrição e resumo estão completos e que são atraentes. É assim que seu grupo será achado no LinkedIn por meio da busca.

Você pode ajustar e modificar a maioria desses campos mais tarde, e talvez queira experimentar para ver quais conteúdos retornam os melhores resultados.

Figura 3

No entanto, existem duas áreas sobre as quais você deve pensar muito bem agora:

A. Acesso – Você quer controlar a associação ou permitir que qualquer membro do LinkedIn entre para seu grupo? Eu prefiro selecionar Solicitação para Participação para que eu possa, manualmente, revisar cada membro, enviar uma nota dando-lhe as boas-vindas ao grupo e me certificar de que a solicitação não é um *spam*. Embora esta seja uma decisão importante, o LinkedIn permite que você mude de ideia mais tarde. Tente ambas as maneiras e veja qual funciona melhor para você.

B. Grupo Aberto *versus* um Grupo Apenas para Membros – Este é o mais novo atributo do LinkedIn e sua maior decisão. Incluí um quadro que realça as diferenças dos dois tipos de grupos (veja a Figura 4).

Benefit	Open group *NEW*	Members-only group
Discussion visibility	Anyone*	Members only
Indexing by search engines	Yes	No
Sharing to Twitter and Facebook	Yes	No
Anyone on LinkedIn can contribute	Manager option	No

Figura 4

Dependendo do conteúdo das discussões do seu grupo – e a personalidade de seus membros –, talvez você queira dar mais visibilidade ao mundo todo, ou talvez queira restringir o acesso a apenas aquelas pessoas a quem você concede acesso. Logo após o LinkedIn ter lançado este atributo, escolhi fazer do meu grupo *"Selling is Social – Leveraging Social Media to Make Sales"* um Grupo Aberto.

Uma vez que as discussões em meu grupo são sobre a mídia social, imaginei que o grupo deveria ser o mais social possível – o que significava abrir o grupo para o Facebook, Google e o resto da internet. Veja na figura 5 o e-mail que enviei para meus membros explicando a mudança.

Subject: Selling is Social - Leveraging Social Media to Make Sales is now an open group

LinkedIn Groups

Group: Selling is Social - Leveraging Social Media to Make Sales
Subject: Selling is Social - Leveraging Social Media to Make Sales is now an open group

I am pleased to announce that, as the owner of this group, I have just switched us to an open discussion group. All future discussions will be fully visible, searchable, and shareable on the Web. All past discussions are now closed in a members-only archive. I look forward to our future discussions now joining the broader conversation of the wider Web, including Facebook & Google.

Good news! As you are contributing and learning from this group, you will also begin to build your personal brand and social footprint.

Contribute early, and contribute often!

At Your Service,
Noah

Posted By Noah Rickun

View or add comments »

Don't want to hear from the manager? Unsubscribe here

LinkedIn values your privacy. At no time has LinkedIn made your email address available to any other LinkedIn user without your permission. ©2010, LinkedIn Corporation.

Figura 5

4. Convide todos na sua rede do LinkedIn (ou um subconjunto que você acredite que esteja bastante interessado no seu conteúdo). Simplesmente clique em *Manage* (Administrar) e, em seguida, *Send Invitations* (Enviar convite) (veja a figura 6). No campo *Connections* (Conexões) comece a digitar nomes, ou clique no botão "IN", o qual traz toda a lista de conexões.

Observe que você pode enviar apenas 50 convites por vez, portanto, se tiver milhares de conexões no LinkedIn, estará clicando milhares de vezes.

Figura 6

5. Convide outras pessoas de seu banco de dados de e-mails. Digamos que você tenha centenas de contatos no Outlook com os quais você não está conectado no LinkedIn, mas gostaria de convidá-los para seu grupo. Sem problemas! Exporte os contatos do Outlook para um arquivo .CSV e clique em *Upload a File on* LinkedIn, logo abaixo do campo *Connections* (Conexões) na aba *Send Invitations* (Enviar Convites)da Etapa 4.

6. Faça com que tudo seja pessoal. Ser dono de um grupo te permite demonstrar sua criatividade e sua marca pessoal. Uma das melhores maneiras de fazer isso é modificar os modelos que o LinkedIn usa para as comunicações do grupo. Clique em *Templates* (Modelos) na aba de *Manage Group* (Administrar Grupos) e faça as mudanças necessárias (veja a Figura 7). O modelo mais importante é a *Welcome Message* (Mensagem de Boas-Vindas). É aqui que você vai querer estabelecer as expectativas e se preparar para o sucesso. Inclua suas informações de contato no corpo da mensagem e deixe que os membros do grupo saibam como se conectar com você.

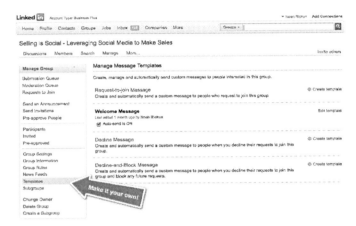

Figura 7

7. Discuta! Na realidade, isso tem dois significados como dono de um Grupo. Primeiro, você precisará começar novas discussões para manter as coisas andando. Segundo, você vai querer responder e contribuir com as discussões e comentários.

Aqui estão algumas dicas:

A. Novas discussões – Comece com uma mensagem de boas-vindas e uma pergunta envolvente que encoraja a participação. Algo como, "Bem-vindo ao Grupo XYZ! Declare seu nome abaixo e deixe que todos saibam como tem sido sua experiência com o XYZ". Quanto mais você envolver os membros imediatamente, mais eles ficarão envolvidos no futuro.

B. Suas respostas – Ser dono de um grupo pode ser uma aventura solitária, de forma que quando você recebe um comentário ou quando um membro do grupo começa sua própria discussão, sempre responda!

Comece sua resposta com um agradecimento sincero e depois siga em frente com a discussão. Algumas vezes você responderá uma pergunta, algumas vezes encaminhará o membro para um fórum de ajuda e algumas vezes simplesmente dirá. "Bem pensado!" Porém, o que quer que faça, não fique em silêncio. Você criou um grupo, pediu às pessoas para que participassem e pediu a elas que contribuíssem. Quando elas realmente postam algo, recompense-as com seu tempo e *feedback*. Isso fará maravilhas para que seu grupo tenha sucesso.

8. Seja o moderador. Sim, é possível que um dos seus membros poste algo irrelevante ou ofensivo. Sim, é possível que um de seus membros apenas esteja interessado em autopromoção descarada. Sim, é possível que um de seus membros viole as regras do grupo que você criou. Assim sendo, você pode simplesmente deletar o comentário ou, em casos extremos, tirar o membro do grupo? Sim, é possível! Você pode deletar qualquer comentário que queira, pode marcar comentários como inapropriados, pode bloquear a contribuição de um membro e pode até mesmo deletar um membro do grupo. Desde que criei meu grupo, ainda não tive de usar nenhum desses atributos do moderador. O LinkedIn é um fórum bastante profissional, e eu acredito que a maioria dos usuários são profissionais em suas atividades, porém é bom saber que o LinkedIn em si tem dado aos donos de grupos as ferramentas necessárias. Apenas não abuse de seus poderes de polícia – a chance de seus membros contribuírem é menor se você deletar os pontos de vista contrários, em vez de discuti-los!

9. Alavancar. Hey, você é dono de um grupo! Coloque-o no seu cartão de visitas, em sua assinatura de e-mail e no seu *site* na internet. Se seu grupo ficar bastante bom, você pode até mesmo ligar para as pessoas difíceis de alcançar e pedir a elas que contribuam com conteúdo para o consumo de seus membros. Afinal de contas, isso é muito melhor do que a chamada fria!

Siga as etapas anteriores e você, como dono de um grupo, ficará bem por conta própria e terá domínio sobre seu grupo. Se quiser aprender mais, sinta-se à vontade para participar de meu grupo, "*Selling Is Social*", para ver o que estou fazendo.

UMA PALAVRA FINAL: O LinkedIn muda os atributos muitas vezes e é importante que você se mantenha atualizado. Aqui está o melhor local para ficar de olho no que há de novo: http://blog.linkedin.com/category/new-linkedin-features/

Fique Conectado!

Noah Rickun é um líder, pensador e palestrante. Antes de se tornar o CEO do TrainOne (um líder mundial em treinamentos de vendas on-line e interativos e desenvolvimento pessoal) de Jeffrey Gitomer, ele construiu uma divisão de US$ 20 milhões para um fabricante automotivo, enquanto estudava direito na Universidade Marquette à noite.

Como um Palestrante Certificado pela Gitomer, Noah agora apresenta seminários customizados e personalizados sobre vendas, lealdade dos clientes e desenvolvimento pessoal para as empresas no mundo todo.

Para mais informações sobre Noah, visite *http://www.Rickun.com*

LinkedIn para Qualquer Um e para Todos

Pelos LinkedIn Rockstars, Mike O'Neil e Lori Ruff

Ninguém tem uma imagem polida sem poli-la.

E assim como um conjunto que não começa sem o som correto, a prática consistente, com o passar do tempo, é o que lhes dá o som perfeito, a imagem perfeita, a marca perfeita. O caminho que se abre por meio do mundo da mídia social não é algo que possa ser percorrido rapidamente, nem a experiência de outras pessoas faz com que ele seja bem-sucedido para você.

Em vez disso, mesmo quando trabalhando com um profissional experiente, é aquele momento que não tem preço nas trincheiras, empurrando as barreiras dos limites, fazendo as coisas erradas e depois fazê-las corretamente que fazem com que a consultoria e o produto acabado sejam tão úteis, tão perfeitos para você.

A gerência tem preocupações válidas sobre o uso da mídia social no escritório. Relatórios de abuso no Facebook e Twitter são apenas a ponta do *iceberg*. Entretanto, as empresas parecem ter uma opinião diferente sobre o LinkedIn. Ele é reconhecido como uma ferramenta de negócios, semelhante ao Hoovers, Harte-Hanks, Jigsaw e outros.

O LinkedIn se resume a dois elementos poderosos – uma máquina de bancos de dados e uma máquina de comunicações integradas. Vamos ilustrar.

Os usuários são simplesmente registros no banco de dados do LinkedIn: assim como são os funcionários, as instituições educacionais e outros. Somos todos apenas registros de dados, e, em alguns casos, registros de dados interconectados. Ele simplesmente espelha a vida real, não é mesmo? As pessoas têm relacionamentos umas com as outras (mas nem com todas) assim como com empresas, funcionários, grupos de interesse e outros.

Metodologia de Negócios da *Integrated Alliances* no LinkedIn

Etapa 1: O Perfil no LinkedIn. Antes de fazer algo, é imperativo que você torne seu perfil no LinkedIn atrativo para as empresas. Procure ser merecedor dos negócios que você busca de outros.

Movimentar-se para a Etapa 2 gera o tráfego para seu perfil: tráfego que pode ser atraído ou repelido pelo que eles veem. Depende de você; você não ganha créditos por realizações profissionais sobre as quais você não conta para os leitores de seu perfil.

Etapa 2: Construa a sua Rede no LinkedIn. Como diz o ditado: "Cada louco com sua mania". O tipo de rede que faz mais sentido para você depende do seu papel e do porquê você está no LinkedIn. Aqui estão alguns exemplos:

Candidato a emprego/desenvolvimento de carreira. À parte o óbvio (recrutadores, profissionais de RH, gerentes de contratação), você também precisa se conectar com as pessoas na sua indústria (colegas) e com as empresas para as quais quer trabalhar.

Em busca de oportunidades de negócios (isto é, vendas, desenvolvimento dos negócios). Você também precisará de uma grande rede, mas absolutamente precisa de uma rede almejada. Gaste um pouco mais de tempo em subconjuntos da população com os quais você faz negócios, assim como com aqueles que normalmente referem negócios a você. Veja seus clientes atuais. Quais dados estão em seus perfis? Usando essas informações para adicionar mais pessoas que se pareçam aos seus clientes e parceiros atuais (ou que sejam melhores), naturalmente aumentará sua habilidade de encontrar mais negócios bons.

Marketing. O marketing é sobre atrair pessoas NOVAS para engajar sua organização nos negócios. Uma rede grande tem potencial de marketing infinitamente maior, alguns dirão o maior possível. À medida que a rede de uma pessoa aumenta, mais tomadores de decisões entram nela. Parece simples, certo?

Executivos. Sim, executivos precisam estar no LinkedIn também. As pessoas que consideram fazer negócios com sua empresa procurarão saber quem está liderando a banda. O CEO e sua equipe têm perfis no LinkedIn? Se não, isso pode prejudicar a imagem da empresa. Sua rede também deveria estar repleta de colegas e pessoas no papel de relatores diretos.

Etapa 3: Buscando. Agora que você completou seu perfil e tem uma rede apropriada para seu cargo, pode começar a buscar o que precisa e obter resultados reais. A função de busca avançada do LinkedIn apresenta resultados impressionantes. Esses podem ser filtrados ainda mais e refinados para encontrar os candidatos mais qualificados, prospectos, clientes prospectivos ou parceiros possíveis.

Etapa 4: Engajando. Uma vez que tenha descoberto quem você procura, considere o melhor método para alcançá-los e engajá-los em uma conversa de negócios. As opções do LinkedIn incluem Convites, Introduções, Mensagens, InMails, E-mails e os meios analógicos mais antigos – telefone, correio postal e "apenas na vizinhança". A maioria das opções on-line tem limites.

OBSERVAÇÃO ESPECIAL NOS CONVITES: personalize seus convites com informações colhidas do perfil do LinkedIn, especialmente as seções de Interesses e Grupos perto da parte de baixo. Seja conciso. O LinkedIn oferece apenas 300 caracteres e nenhum *link* ou endereço de e-mail são permitidos no seu convite. Uma linha de assinatura legal para criar a impressão da marca ajudará. Aqui está um exemplo de um convite:

> *Bob,*
>
> *Vejo que você trabalha na Verizon. Sou um ex-profissional em telecomunicações. Tenho grandes contatos para compartilhar com você. Poderíamos nos conectar no LinkedIn?*
>
> *Mike O'Neil*
> *Palestrante/Treinador/Escritor*
> *Integrated Alliances*

Etapa 5: Faça Negócios! Trabalhe para engajar os outros apropriadamente. Suas primeiras comunicações com outras pessoas no LinkedIn não deveriam forçar uma venda. (Que ducha de água fria!) Considere o LinkedIn como a Câmara de Comércio das redes sociais on-line. Ele existe para que os profissionais de negócios façam um *networking* e se envolvam. Aja apropriadamente. Se tiver alguma pergunta, entre em contato com os LinkedIn Rockstars. Nossa equipe está aqui para ajudar.

Os LinkedIn Rockstars, Mike O'Neil e Lori Ruff, lideram a Integrated Alliances, a primeira empresa de treinamento no LinkedIn e em mídia social dos Estados Unidos.

Palestrantes altamente procurados, tanto individualmente como juntos, Mike e Lori endereçam executivos, equipes de vendas, recrutadores e outras equipes profissionais em sessões de negócios privadas, em conferências e convenções corporativas e de associações.

Para se conectar com eles, ligue para (866) 516-7823 ou os visite on-line no http://www.RockstarNetworking.com.

O BOOM DO TWITTER!

A Diferença entre Mídia Social e Mídia Social para Negócios no Twitter

Dê uma olhada na sua página no Twitter.

Oh, espere, talvez você não tenha uma. Isso porque você pensa que tuitar é algo tipo "Estou tomando um banho", o que é uma perda total de seu tempo.

O fato é que você não sabe o que, quando e como tuitar.

CONFISSÃO UM: Não sou um perito de classe mundial no Twitter, mas tenho mais de 25.000 seguidores, o que me coloca no topo de 5% dos 175 milhões de pessoas que tuitam. Então eu devo saber alguma coisa.

CONFISSÃO DOIS: Antes de começar, eu achava que o Twitter era uma perda de tempo estúpida. Eu estava errado.

CONFISSÃO TRÊS: Eu tenho uma plataforma e uma base grande de seguidores de meus outros livros, seminários e promoções. E especialmente da minha revista eletrônica semanal, a qual me proporcionou a base da atração.

Durante o curso de todas as explicações do Twitter neste livro, você encontrará as palavras retuitar e retuitável. Elas são 50% da base do sucesso no Twitter. Os outros 50% é alguém clicar no *link* que você forneceu e tomar algum tipo de atitude. Mas a base do sucesso no Twitter para os negócios é a mensagem de valor ou manter uma linguagem comum, de valor, tuitando.

Um tuite de valor
é um tuite que as
pessoas achariam
tão interessante
ou tão valioso
que elas se sentem
compelidas a retuitar
aquela mensagem
para os outros.

JEFFREY GITOMER

Eu Tuito, portanto, Eu Sou. Quem Sou Eu?

Eu resisti o máximo que pude – parcialmente porque meu entendimento sobre este era perto de zero, e em parte – ok, em grande parte, porque eu pensei que seria uma perda do meu tempo.

Eu estava errado. Muito errado. Muito, muito errado.

Depois de um aprendizado breve, porém intensivo, de meu amigo Jeff Jarvis (autor de *What Would Google Do?*) e das cutucadas contínuas de Rick Johnson (CEO da Kadro Solutions), eu mudei de opinião completamente. E fiz um plano de ação.

Eu me registrei. Obtive meu nome (Gitomer). E tuitei três vezes nas primeiras 24 horas.

No final do primeiro dia, eu tinha mais de 300 seguidores. No final do primeiro mês, eu tinha quase 5.000 seguidores. Minha meta é ter 100.000 seguidores.

Estou fazendo isso sem truques, *spams* ou sem relatar notícias (além das minhas). Eu tenho uma estratégia e filosofia no Twitter.

Tudo que eu faço tem um *link* para minha página no Twitter, especialmente minha revista eletrônica e a página inicial do meu *site* na internet. Também adicionei um alimentador do Twitter ao vivo para o meu *blog*. Pretendo usar o Twitter para proporcionar aos leitores e seguidores pensamentos, ajuda, respostas e informações que sejam úteis e retuitáveis para seus seguidores.

Aqui estão alguns exemplos de meus tuites até agora:

- O vendedor mais forte na sua equipe é o testemunho de um cliente leal. Testemunhos são provas. Gitomer
- Não custa nada ser amigável, quão amigável você é? Gitomer
- A importância em fazer as perguntas certas se encontra em algum lugar entre venda e não venda. O que você está perguntando? Gitomer
- Não há um prêmio para o segundo lugar em vendas. É ouro ou vá para casa! Gitomer

- Os dois melhores lugares para uma visita de vendas: café da manhã e almoço. Atmosfera relaxada e sem interrupções. Gitomer
- Você terá muito mais sucesso em algo que ama fazer. O que você realmente ama? É isso que você está fazendo? Gitomer
- Não estabeleça metas, estabeleça intenções. O que quer que você tenha a intenção de fazer, acontecerá. Sem intenção, as metas não são alcançadas. Gitomer
- Se você está constantemente culpando outras pessoas, adivinhe, meu caro – não são eles! Gitomer
- Se você acredita em sua empresa, se você acredita em seu produto, se você acredita em você mesmo, você marchará para o sucesso. Gitomer
- Fracasso não é insegurança ou azar. É falta de execução apropriada. Gitomer
- Você controla a ferramenta mais importante em vendas, sua mente. Gitomer

No Dia das Mães, eu tuitei: *"Se você não tiver nada de bom a dizer sobre alguém, não diga nada". Dito pela sua mãe. Honre-a hoje. Ela estava certa. Gitomer*

Observe que meu nome está no final de todos os tuites. Isso porque essas citações são minhas. Eu as escrevi. Eu não cito outras pessoas. Eu cito a mim mesmo. Quando sou retuitado, eu desenvolvo minha própria marca e conscientização e ganho novos seguidores.

Aqui estão alguns dos meus planos e ideias para o assunto em questão de meus tuites futuros – sinta-se à vontade para usá-los ou alterar a estratégia para se adequar à sua situação.

- Posto uma dica de vendas diariamente.
- Dou informações sobre minhas viagens e onde as pessoas podem se inscrever para meus eventos públicos e assistir a meus seminários ao vivo.

- Posto informações a respeito de novas ideias.
- Posto todos os tipos de recomendações pessoais – de restaurantes a livros, de pessoas a lugares, de lojas a hotéis. Talvez até mesmo empresas aéreas. Talvez.
- Peço informações e ajuda quando viajo para uma cidade nova.
- Crio reuniões locais.

O que é o Twitter para mim? É uma oportunidade de fornecer mensagens pessoais curtas para conexões de negócios e amigos para deixar que eles saibam o que estou pensando e o que estou fazendo.

Entendendo o Twitter e o Poder do Retuite

Perguntei a uma plateia de 200 vendedores e gerentes de vendas maduros: "Quantos de vocês têm uma conta no Twitter com mais de 500 seguidores?"

Duas pessoas levantaram as mãos.
Uma delas era eu.

Eu não podia acreditar nisso, então perguntei novamente. Mesma resposta. UOU!

Parece que os vendedores maduros (experientes) estão resistindo ao Twitter ou simplesmente não entendem o poder contido neste ou sua eficácia.

Com uma estimativa de 175 milhões de contas e milhões de tuites por dia, PODE haver algo. Especialmente porque os 1000 da *Fortune* estão tuitando. Cada jornal e agência de notícia estão tuitando. Milhares de pequenas empresas estão tuitando.

O que você está fazendo?

Você está tuitando todos os dias?

Ou você está entravado pelo processo e não sabe muito bem o que fazer? (Como a maioria das pessoas.)

AVISO: O Twitter para negócios não tem nada a ver com estar de pijama, tendo um dia ruim, se dirigindo para o escritório ou qualquer outra informação inútil. Não tem nada a ver com "tweeps" ou "tweeple", ou alguma outra palavra bonitinha e condescendente.

- Twitter é sobre as informações.
- Twitter é sobre passar as informações adiante.
- Twitter é sobre mensagens de valor.
- Twitter é sobre se conectar.

O Twitter é sobre outras pessoas encontrarem valor em suas mensagens ou informações e passá-las para os outros. E quando você é retuitado, é prova de que sua mensagem teve valor suficiente, conteúdo ou informações vitais que as pessoas na sua rede estavam dispostas a passar adiante para as redes deles. Legal!

BÔNUS: Sua mensagem, seu tuite, está realmente exposto a 175 milhões de usuários por meio dos atributos de armazenamento e busca do Twitter.

A ação principal para se tornar buscável é o *hashtag*. Se quiser atrair outros que também podem estar acompanhando ou buscando categorias sobre as quais você tuitou, o uso do *hashtag* agrupará seus tuites com outros da mesma natureza.

Meus assuntos são vendas, lealdade, confiança, atitude, motivos de compras, talento para apresentações, *networking* e sucesso.

Os seus podem ser cozinhar, labradores, natação, futebol, basquete, viagens, gatos ou qualquer coisa que o interesse. As pessoas tuitam sobre qualquer coisa, e você pode encontrá-las globalmente em um milissegundo.

Você também pode agregar seus tuites para que apareçam na sua conta do LinkedIn ou na sua página de negócios no Facebook.

Resumindo, você pode enviar informações para toda sua *network* todos os dias. E se as outras pessoas acham o assunto interessante, ou valioso, elas o enviarão para a *network* delas.

Como um tuite de valor diário poderá ajudá-lo?

1. **Ele te desafia a pensar e escrever.** Disciplina diária.
2. **Ele te desafia a criar mensagens virais de forma a se tornar mais bem conhecido como uma pessoa de valor.**
3. **Ele te desafia a criar a VERDADEIRA lei de atração.** Atração = clientes potenciais.

3,5. **As pessoas irão proativamente se conectar com você.** Se elas concordam com você, e te respeitam, elas dirão a outras pessoas para que também se conectem com você.

Você também pode criar listas de categorias de qualquer tipo para compilar seu próprio "o melhor de" por assunto. Outras pessoas que estão esperando informações sobre o mesmo assunto te encontrarão. As pessoas me adicionam à sua lista sob categorias como sucesso nos negócios, inspiração pessoal e vendas. Até agora fui adicionado a 1.187 listas que estão repassando o que posto no tuite. Você pode fazer suas próprias listas, mas a chave é ser adicionado às listas dos outros.

Por escolha, eu não uso o Twitter para comunicações interativas.

Ocasionalmente, farei uma pergunta para meus seguidores (e recebo uma resposta instantânea), ou digo a eles sobre um seminário público que acontecerá, mas na maior parte do tempo eu tuito declarações que dão o que pensar. Declarações retuitáveis.

Ontem eu tuitei: *É fácil encontrar e atrair pessoas excelentes – apenas seja uma grande pessoa que faz grandes coisas. #Gitomer.* Eu recebi 100 retuites em 24 horas e muitos comentários na minha conta do LinkedIn.

Hoje eu tuitei: *Uma objeção é, na realidade, uma barreira para a venda. Rebaixe a barreira e reduza seu risco percebido e a venda será sua. #Gitomer.*

Há um segredo para
o sucesso do Twitter.
E é o mesmo segredo
para todas as mídias
sociais, especialmente
a mídia social para
negócios: acorde
e ESCREVA.

JEFFREY GITOMER

Sandy Carter Lidera (socialmente) da Fileira da Frente

Uma hora antes do meu seminário de liderança e vendas na IBM começar, eu andei pela plateia.

Algumas pessoas vieram me cumprimentar e apertar minha mão, me reconhecendo ou reconhecendo minha camisa estilo profissional em manutenção – enquanto outros (a maioria deles) davam uma olhada para mim, presumiam que eu era o cara da manutenção e seguiam em frente como se eu fosse invisível.

A fileira da frente da sala estava vazia, exceto por uma pessoa.

"Olá, meu nome é Jeffrey Gitomer. Por acaso você é a Sandy Carter?" "Sim, sou", ela sorriu.

Trocamos algumas cortesias, falamos um pouco sobre o evento e como eu estava feliz e honrado por ser o apresentador.

Sandy Carter, para os menos informados, é uma funcionária icônica da IBM. Embora seu título oficial seja Vice-Presidente de Parceiros de Negócios de Software e Mercado Médio, não oficialmente ela é a Rainha da Mídia Social para Negócios. Nos últimos 20 anos ela tem sido a líder prática e orientadora dentro da *Big Blue*.

Não por coincidência, a Sandy selecionou a fileira da frente no meu seminário. Ela tuitou o tempo todo. E ninguém teve a confiança ou coragem de se sentar ao lado dela.

Comecei minha fala desafiando a plateia sobre sua presença na mídia social, e seu entendimento da oportunidade que a mídia social apresenta.

"Quantos de vocês estão no LinkedIn?" Quase todos levantaram as mãos. "Quantos de vocês têm mais de 100 conexões?" Metade das mãos se abaixou. "Mais de 250 conexões?" Quase todas as mãos se abaixaram. "Mais de 500 conexões?" Apenas uma mão permaneceu erguida. A de Sandy Carter.

"Quantos de vocês têm uma conta no Twitter que realmente usam?" Alguns (poucos) levantaram as mãos. "Quantos de vocês têm mais de 50 seguidores no Twitter?" Três mãos. "Mil seguidores?" Apenas uma mão permaneceu erguida. A de Sandy Carter. "Cinco mil seguidores?" A mão da Sandy continuou erguida. "DEZ mil seguidores?". A mão da Sandy continuou erguida, enquanto a plateia engasgava.

Ela é uma funcionária leal na IBM há 20 anos. Ela é responsável pelo sucesso de mais de 1.700 pessoas. Ela bloga para milhares, tuita para 21.000 e tem um fator de conexão no LinkedIn de mais de 1.000. Ela ganhou 14 prêmios de inovação de marketing. E ela vive na vanguarda, ou perto desta. Ela é a definição clássica do dicionário de "liderar por exemplo".

A Sandy escreveu dois livros (enquanto a maioria dos líderes ainda está pensando sobre os seus). *The New Language of Business: SOA and Web 2.0* e *The New Language of Marketing 2.0*. Seu terceiro livro será escrito e lançado antes de 99,9% de todos os outros líderes no planeta (com o mesmo tempo de casa) escreverem seu primeiro capítulo.

Como está indo seu livro?

Apresento a Sandy como um exemplo de um executivo que usa a mídia social para negócios porque ela está DENTRO da ação todos os dias.

Minha entrevista com Sandy foi elétrica. Dava para sentir a força de caráter e determinação dela pelo telefone. Aqui estão alguns exemplos de vanguarda:

RESULTADOS POR ASSUMIR RISCOS: "Quando tuitei, 'Analíticos é o novo preto', eu esperava ter muitos mais retuites do que recebi. Recebi muitos comentários no meu *blog* e quatro ou cinco clientes me pediram para participar de algumas sessões com eles porque eles queriam entender o que é analítico social e o que este pode fazer pela empresa".

ASSUMIR O RISCO DE SER O PRIMEIRO E GANHAR: "Quando começamos a estudar a mídia social pela primeira vez, a IBM estava entrando no que eu considero algumas áreas da tecnologia bem legais. Decidi que a comunicação por meio dos canais de mídia social poderia fazer da gente um verdadeiro líder em tecnologia, assim, eu mergulhei de cabeça. Está funcionando melhor do que eu esperava".

APRENDER A DOMINAR ANTES DE DELEGAR: "Comecei a alavancar a mídia social pessoalmente. Descobri como ela me permitia fazer conexões e ter um diálogo. Assim que começamos o novo portfólio como a solução, eu imediatamente adicionei a mídia social no que estávamos fazendo para realmente animar as coisas. A primeira coisa que fiz foi começar com um *blog* e depois postei um vídeo bem legal no YouTube".

DESAFIO DA LIDERANÇA: "A mídia social é notável. O que pode acontecer no Twitter ou em um *blog* pode ser bom ou ruim. E, como líder, você está bastante vulnerável. Você literalmente tem de ser bastante transparente sobre o que está falando porque alguém pode levar para o lado errado".

AÇÃO DA LIDERANÇA: "Quero ser uma evangelista para meus clientes e parceiros. Acabamos de fazer um estudo com 3.000 de meus parceiros e descobrimos que 34% já estão usando a mídia social como uma ferramenta de vendas. Os outros 66% disseram 'Ainda não começamos' ou 'Comecei, mas eu realmente não sei o que estou fazendo e preciso de um pouco de educação ou treinamento'. Assim, começamos uma série de aulas de treinamento on-line e eu fiz uma série pessoal de almoço e aprendizado. Por toda a IBM e com minha comunidade parceira, posso ter cerca de 3.000 pessoas para uma série de almoço e aprendizado, onde aprendemos como usar o Twitter, como criar um *blog* ou como criar *links* no Flickr e YouTube. É bastante interessante ver quantas pessoas estão tentando aprender. Se você não fizer você mesmo, então não poderá ensinar".

FAZENDO A DIFERENÇA: A Sandy começou um grupo de supermulheres na IBM que agora tem aproximadamente 15.000 a 16.000 mulheres fortes. "O que fazemos é focar em talentos como *networking*, tecnologia, mídia social, se reunindo e formando uma comunidade, e como fazer da IBM uma empresa melhor e um lugar melhor para as mulheres".

A Sandy Carter é uma verdadeira líder. Tentei honrar suas estratégias e conquistas, mas precisaria de muito mais do que essas poucas páginas.

Eu te desafio, leitor, a estudar essas realizações on-line e compará-las às suas no período de 20 anos. Após ler seus livros, siga-a no Twitter e assine seu *blog*, e você terá uma ideia melhor de sua astúcia e do exemplo on-line que ela está espalhando globalmente.

Dica do **Git** **Grátis...** Se estiver interessado em aprender mais sobre Sandy Carter, vá até http://www.gitomer.com e insira a palavra SANDY na caixa de *GitBit*.

Bem-vindo à Festa de Coquetel Definitiva

Por Sally Hogshead

Você adentra uma festa e... UOU. É barulhenta, caótica, confusa e fervendo com um frenesi incompreensível de pessoas falando ao mesmo tempo.

Mas depois de alguns minutos, você vê seu amigo por ali. Ele o introduz ao seu círculo. Todos seus amigos trabalham no mesmo campo que você. Legal.

Perto dali, você começa a reconhecer pessoas as quais você sempre quis conhecer: um novo fornecedor potencial, um forte líder na sua indústria e aquele ali no canto é o seu CEO?

E espere – olha! Bem ali – é o seu maior concorrente, conversando em um círculo grande. Sorrateiramente, como quem não quer nada, você se aproxima para ouvi-lo revelar alguns detalhes-chave sobre o lançamento vindouro de seu produto.

Seus olhos continuam estudando a festa e, repentinamente, você vê um grupo de clientes potencias, conversando informalmente. Maravilha! Eles estão perfeitamente posicionados para que você, sem esforço algum, entre na conversa. Olá, venda!

Neste momento da festa você se sente confiante e relaxado, e está se divertindo muito. O que inicialmente parecia um aglomerado gigantesco de *networking*, agora parece ser algo familiar, repleto de agrupamentos misturados de grupos diversos. Ao seu redor, cada grupo se envolve em conversas animadas e bate-papos amigáveis, com introduções profissionais e interesses compartilhados, perguntas e respostas, ideias e opiniões e, acima de tudo, conexões.

Isso, meus amigos, é o Twitter. A festa de coquetel definitiva! Aqui, você não encontrará pratos de salgadinhos sendo servidos, mas encontrará sanduíches recheados de *insights*, juntamente com introduções, referenciais e, melhor de tudo, repleto de oportunidades para vender.

Assim como com qualquer outra festa ótima, o Twitter permite que pessoas diferentes, mesmo com pontos de vista totalmente diferentes, se expressem e compartilhem ideias. Você rapidamente descobre com quem quer passar o tempo: *as pessoas que adicionam valor*.

Como você pode adicionar valor às suas conversas no Twitter? *No início deste livro, descrevi várias maneiras de criar mensagens fascinantes imediatamente. Uma vez que você começa a desenvolver um conteúdo mais carismático e persuasivo, aqui está o que lhe ajudará a construir sua própria rede de festa no Twitter:*

1. Você não precisa ser espalhafatoso ou fabuloso, mas você precisa **ser inteligente e trazer algo novo para a conversa**.
2. Saber **quando falar** e **quando escutar**.
3. **Deixe sua personalidade brilhar.** Se você tem uma maneira séria de se comunicar, ótimo. Mas não se leve tão a sério a ponto de se transformar num digitador solitário.
4. **Não compre uma briga** a menos que a controvérsia seja consistente com sua mensagem central. Tudo bem ser provocante, e mesmo contrário, mas lembre-se de que este ainda é um fórum público repleto de pessoas inerentemente sociais.
5. **Faça perguntas inteligentes** que contribuam para a conversa. Ou, melhor ainda, faça perguntas que iniciarão conversas.
6. **Desenvolva pensamentos e observações originais.** Não apenas copie e repita. Extraia conteúdo de sua experiência e histórico singulares, e, em seguida, compartilhe com os outros.
7. **Escute** os outros convidados, especialmente aqueles que você gostaria de cortejar em conversas, antes de pular para uma conversa direta com eles.

Portanto, quem NÃO adiciona valor a uma festa?

- **O profissional de vendas extremamente ávido** que só fala sobre ele mesmo. Ele enfia um cartão de visitas na sua mão, implacavelmente empurrando sua própria agenda. No Twitter, esta pessoa tuitará infinitamente sobre ela mesma e seus produtos, martelando exatamente nos mesmos pontos, sem nunca contribuir com ideias relevantes e *insights*.
- **O entediante** que fala (e fala e fala), mas não diz nada relevante. No Twitter, este cara entediante constantemente tuita sobre coisas como o tempo, ou o que seu gato comeu no almoço. Ou, pior ainda, envia um fluxo infinito de citações de pessoas famosas que já morreram. UAH (bocejo).

- **O inibido** que nunca diz nada que vale a pena. Ele se esconde nos cantos da sala, não participando de conversas. No Twitter, você não precisa artificialmente inflar sua personalidade, mas você poderá atingir seu objetivo ao infundir sua conversa com seu próprio ponto de vista natural e estilo.
- **O idiota.** Eca! Este convidado repulsivo está sempre interrompendo os outros. Sempre despejando uma opinião não solicitada, crítica, jogando bombas na conversa.

Qual a sua meta na festa? O Twitter é grátis; no entanto, há o custo de oportunidade envolvido: o tempo que você gasta lendo e escrevendo tuites é tempo que você não gasta com outros esforços de marketing. Assim como toda mídia social, ele requer o compromisso de tempo e energia.

Para justificar este esforço, construa seu império do Twitter ao redor de metas claras. Aqui estão alguns exemplos:

- **Construa sua rede, e esfera de influência:** Espalhe suas ideias para um círculo cada vez maior de seguidores que contam com seus *insights*.
- **Alcance os clientes potenciais:** Digamos que você é um agente de viagens. Você tuita sobre motivos pouco conhecidos para passar as férias na República Dominicana. Se eu estiver planejando umas férias num lugar ensolarado, bem, você acabou de ganhar um novo cliente.
- **Faça o reconhecimento dos concorrentes:** Siga as empresas contra as quais você compete – e os líderes individuais dentro dessas empresas. Observe como eles estão interagindo com seus clientes, e quais dicas eles compartilham sobre desenvolvimentos (o mesmo se aplica para as empresas pelas quais você gostaria de ser contratado. Siga suas empresas favoritas e as pessoas nelas. Muitas vezes você coletará dicas úteis de pessoas de dentro sobre o que está acontecendo assim como sua cultura interna).
- **Aprenda o que os clientes e parceiros estão dizendo sobre sua empresa e seus produtos:** Preocupado em encontrar pessoas que estarão reclamando? Sim, provavelmente você encontrará pessoas reclamando. Essas conversas já estão acontecendo e você não pode controlá-las. Mas pode responder. E pode participar do aprendizado.

Obtenha informações para contato e procure-os. Se essas situações estão ocorrendo, você quer estar lá.

- **Aprenda mais sobre áreas de nicho de interesse profissional:** Em um aplicativo como o TweetDeck, inicialize buscas para termos específicos da indústria relacionados ao seu interesse principal.
- **Apresente-se aos parceiros e empregadores potenciais:** Se você está ansioso para ser apresentado a um líder da indústria proeminente, descubra se ele tem uma conta no Twitter, em seguida, observe o que e como esta pessoa tuita. Use o atributo de "@ Reply" para comentar sobre os tuites deles ou retuite ("RT") para espalhar a glória do Twitter deles para sua rede. Uma vez em seu radar, tuite uma pergunta ou alguma informação útil. Muitos líderes de alto nível muito provavelmente responderão a uma mensagem no Twitter do que em sua caixa de entrada de e-mail lotada de *spams*.

Sim, é preciso trabalhar nele. Mas em vez de pagar pelos resultados de marketing, você está obtendo-os ativamente.

Por que você precisa participar de uma festa no Twitter? Há cinco anos, se você quisesse se vender ou vender seus produtos, precisava de dinheiro. Muito dinheiro. Se alguém nas grandes agências de publicidade tivesse levantado a mão e anunciado, "Ei, logo mais as empresas conseguirão se vender de maneira efetiva e economicamente ao 'tuitarem' mensagens de valor com 140 caracteres no Twitter"... bem... (risadinha abafada) vamos apenas dizer, aquela pessoa não seria levada muito a sério.

No campo de ação moderno, sucesso e fracasso não são mais baseados em ter o maior orçamento. Os vencedores são aqueles com os pontos mais atraentes, significativos e valiosos. Se você não tem um orçamento maior do que seus concorrentes, sem problemas – contanto que você encontre meios de se conectar com o consumidor.

As pessoas e as empresas não conseguem mais comprar influência – agora elas precisam ganhá-la. E não há um lugar melhor para obter influência do que a festa de coquetel no Twitter.

Considere isto seu convite pessoal para a festa. E quando chegar, venha me encontrar na pista de dança: @sallyhogshead.

Saúde!

E você não precisa de 10.000 tuites para conseguir 20.000 seguidores. Você precisa de 200 mensagens de qualidade, que sejam relevantes e valiosas para que possam ser retuitadas.

JEFFREY GITOMER

Três Coisas que as Empresas Deixam Passar totalmente sobre o Twitter

Por Mark Schaefer

O Twitter é uma das ferramentas de desenvolvimento para negócios mais importante que já existiu.

Isso te surpreende? Você já pensou no Twitter como algum tipo de brinquedo de criança ou alguma outra rede de mídia social para os fãs do Justin Bieber? É hora de reconsiderar!

Já ensinei centenas de profissionais de negócios por meio de minhas aulas de marketing de mídia social e descobri três obstáculos comuns ao entendimento – e alavancagem – do Twitter como um canal eficaz de desenvolvimento de negócios.

1. Equívoco do canal. O Twitter não é sobre as vendas de B2B ou vendas de B2C. É sobre o *networking* de P2P. De pessoa para pessoa.

Se você está em um negócio que pode se beneficiar do *networking* em um evento da indústria ou uma reunião da câmara de comércio, então o Twitter é perfeito para você. Mas assim como com qualquer outro *networking*, é sobre construir relacionamentos de longo prazo, não fazer uma venda rápida.

As conexões levam ao reconhecimento. O reconhecimento leva à conscientização. A conscientização leva às amizades. E as amizades levam a relacionamentos de negócios construídos em confiança.

O ERRO MAIS COMUM: As empresas veem o Twitter como uma rede de transmissão pessoal, em vez de uma oportunidade para o desenvolvimento de relacionamentos. Muitas pessoas simplesmente estão tentando encaixar mensagens de propaganda da mídia antiga na nova mídia – com resultados desastrosos.

> As pessoas não querem mais que as coisas sejam vendidas a ela. Elas não querem mais que as coisas sejam comercializadas para elas. Elas vieram para as redes sociais por diversão, informação, conexão e entretenimento.

Tenha isso em mente quando estiver desenvolvendo sua presença na mídia social. E lembre-se de que sua presença começa com sua imagem on-line.

Qual imagem você está apresentando na sua conta no Twitter? No logotipo de sua empresa? É um prédio? Seu produto? Como esses possibilitam uma conexão pessoal? Não é fácil para as pessoas relaxarem com a foto de um prédio ou um caminhão.

Sobre o que você está tuitando? Sua nova designação no EPA? Um prêmio da indústria? Um recorde de vendas trimestrais? Claro que alguns deles são importantes. Mas se você encontrasse alguém e isso é TUDO que eles falam, você não procuraria a saída mais próxima?

SEJA UMA PESSOA: Seja real, seja humano e seja autenticamente útil. Assim você genuinamente atrairá pessoas que estão interessadas em você e na sua empresa.

2. Equívoco da recompensa. Existem muitas empresas que estão de olhos arregalados com a publicidade exagerada da mídia social e esperam resultados e vendas rápidos. Embora isso possa realmente acontecer, você está perdendo se não considerar o espectro amplo dos benefícios de negócios potenciais, mesmo se você nunca fizer uma venda direta!

É uma vergonha como as empresas rapidamente descartam o marketing da mídia social porque eles não conseguem calcular um ROI mensurável. Não me leve a mal. Para muitas empresas bem administradas, esta mentalidade funcionou, no passado.

Mas para realmente entender as oportunidades do Twitter, você precisa considerar uma variedade ampla de benefícios potenciais:

- **Inteligência competitiva**
- ***Insight* de mercado**
- **Um novo fornecedor ou parceiro comercial**
- **Publicidade**

- **Conscientização da marca**
- **Uma ideia**
- **Novos produtos**
- **Atendimento ao cliente**
- **Educação**
- **Soluções rápidas para os problemas**
- **E, sim, até mesmo a geração de prospectos**

Esses benefícios estão sendo alcançados por muitas empresas todos os dias, ainda assim, seria difícil demonstrar a maioria numa planilha do Excel ou incorporar em um cálculo de ROI. Portanto, pare de fazer isso!

Eu uma vez reconheci uma pessoa em uma reunião de *networking* de sua foto no Twitter. Como eu estava seguindo seus tuites, sabia que ele havia acabado de abrir um negócio on-line, tinha dois filhos, recentemente tinha passado as férias na Califórnia e era fanático por beisebol.

Eu nunca havia me encontrado com ele antes, mas quando me apresentei, ele me deu um forte abraço e me cumprimentou como se eu fosse um amigo de longa data! Por meio de meu fluxo de informações no Twitter, ele sentiu como se também me conhecesse. Havíamos formado uma conexão instantânea que levou a amizade e confiança.

A reunião estava para começar e não tivemos tempo para conversar, mas trocamos nossos números de telefones e marcamos de nos encontrar para tomar um café na semana seguinte para conversarmos sobre meios de trabalharmos juntos.

Ele eventualmente se tornou um dos meus melhores clientes.

Agora quantas chamadas frias você teria de fazer para encontrar uma nova conexão comercial que te cumprimenta com um abraço na primeira reunião? Eu havia usado o Twitter eficazmente para fazer o preenchimento prévio dos relacionamentos de negócios! E, sim, este eventualmente resultou em vendas, mas, o mais importante, é que ele resultou em uma nova conexão de negócios que poderá resultar em oportunidades para os próximos anos.

Ainda vejo muitas empresas tropeçando, tentando calcular seus retornos sobre o investimento, enquanto seus concorrentes estão estabelecendo uma base de mídia social sobre esta plataforma poderosa de comunicação nos negócios e *networking*.

Para realmente ter sucesso, as empresas precisam adotar uma nova mentalidade, voltada para o relacionamento e, de longo prazo, para os benefícios.

3. Equívoco da estratégia. Os negócios são sobre velocidade. E o que quer que você tenha feito ontem, já não é bom ou rápido o suficiente para hoje. É muito tentador tentar pegar atalhos para encontrar maneiras de alcançar as pessoas no Twitter e desenvolver benefícios nos negócios o mais rápido possível. Mas isso não pode ser feito. Assim como desenvolver relacionamentos de longo prazo, simplesmente não há um atalho para o desenvolvimento de uma tribo efetiva, almejada no Twitter.

Eu recentemente recebi este tuite: "Obrigado por me seguir. Estou ganhando novos seguidores almejados diariamente com http://www.wyz. com. É a empresa que todos usam. Deixe-me saber".

Embora esta pareça ser uma ótima ideia, é uma fraude. Infelizmente, onde a corrupção pode acontecer, ela ACONTECERÁ e no Twitter não é diferente. Há uma indústria artesanal dedicada a desenvolver contas de seguidores em branco e vendê-las por "credibilidade" instantânea para compradores inocentes.

Um amigo recentemente me ligou para dizer que ele havia acabado de comprar uma conta no Twitter e havia herdado 6.000 seguidores. "E agora o que eu faço em seguida?" ele perguntou. Minha resposta: "Comece tudo de novo".

Existem muitos fraudadores lá fora. Evite todos eles.

Em vez disso, aqui está uma estratégia comum para todos os Twitter para uma história de sucesso (a qual em explico em detalhes em meu livro, The Tao of Twitter*):*

Conexões almejadas. Nenhuma quantia de trabalho, tempo ou dedicação ao marketing e *networking* da mídia social funcionará se você não estiver cercado de pessoas que estejam interessadas em você e no que você diz. Embora a história que contei sobre encontrar meu novo amigo em uma reunião de *networking* tenha parecido sorte, não foi. As condições estavam maduras para esta conexão, isso porque ambos havíamos sistematicamente nos cercado de pessoas que provavelmente querem nos conhecer, aprender conosco ou nos ajudar.

Pense nos seguidores do Twitter como átomos flutuando dentro do tubo de ensaio de um químico, se esbarrando um no outro aleatoriamente. Obviamente, quanto mais átomos houver no tubo, maiores são as chances de ocorrer uma reação!

Mas cada reação química precisa de um catalisador, e no Twitter este catalisador é o *conteúdo significativo*. O conteúdo é a moeda da rede social, e o compartilhamento deste conteúdo é o catalisador para os novos relacionamentos e benefícios nos negócios.

O conteúdo pode vir de muitas formas. Por exemplo, ele pode ser:

- **Um *link* para seu *blog* ou outros *blogs* relevantes para seu público-alvo**
- **Uma mensagem retuitada de outros**
- **Um *link* para comentários criados no LinkedIn e outras plataformas**
- **Uma anedota sobre seu dia**
- **Uma opinião sobre um evento especial, algo no noticiário, um desenvolvimento em sua empresa ou comunidade**
- **Conteúdo on-line interessante de sua empresa, ou um documento de marketing, e-book ou relatório da indústria**

O conteúdo é o valor que atrai e retém seguidores almejados para sua conta no Twitter. Você precisa se comprometer e estar presente na comunidade do Twitter pelo menos várias vezes por semana.

E, por último, este sucesso não acontece sem:

Utilidade Autêntica. Este último fator é o mais erroneamente usado e o mais mal-entendido, e simplesmente ignorado pelas pessoas que usam o Twitter hoje. Esta é uma diferença extremamente importante e sutil entre vendas tradicionais/marketing e a nova mídia.

Pelo menos para o futuro previsto, haverá um local para a função de chamadas frias e de vendas tradicionais. Em muitas indústrias, quando você marca uma chamada com um cliente, eles esperam que você entregue uma fala de vendas preparada e bem ensaiada.

Mas isso simplesmente não acontece na internet social. Em um mundo de comunicações de negócios global, sempre ligado e em tempo real, a prioridade está na interação humana e na confiança estabelecida pela bondade e utilidade, não pelos gráficos de vendas.

Espero que isso proporcione uma introdução que despertará interesse suficiente para você explorar a possibilidade de motivar os benefícios nos negócios por meio do Twitter.

Lembre-se de que nem um livro nem uma aula poderá ensiná-lo como ter uma presença efetiva on-line. Você precisa se imergir no canal e na experiência – e talvez até mesmo se divertir durante o percurso!

Mark W. Schaefer é um blogueiro nacionalmente reconhecido, educador, consultor de empresas e autor de The Tao of Twitter.

Mark tem trabalhado em cargos de vendas globais, RP e marketing por aproximadamente 30 anos e agora fornece serviços de consultoria como Diretor Executivo do Schaefer Marketing Solutions. Ele é professor de marketing adjunto no programa de MBA da Universidade Rutgers e tem graus avançados em marketing e desenvolvimento organizacional. Ele tem sete patentes e é autor do blog {grow}, *um dos* blogs *de marketing de "Power 150" da Era da Propaganda do mundo.*

Para mais informações, visite http://www.businessesGROW.com.

As Doze Coisas que Aprendi sobre o Twitter

Por Chris Hamilton

Comecei a usar o Twitter a menos de um ano. Inicialmente, eu não entendia o seu propósito, mas agora eu entendo quão poderoso e importante o Twitter é.

Eu uso o Twitter todos os dias para promover as postagens no meu *blog* diário e outros eventos que eu acredito que as pessoas podem achar interessantes.

Assim como com qualquer outra coisa que você faz, a chave é aprender maneiras novas e inovadoras para usar o serviço.

Aqui estão as Doze Coisas que Aprendi sobre o Twitter:

1. Você tem de estar no Twitter regularmente. Se você for usar o Twitter, certifique-se de usá-lo todos os dias, ou pelo menos a cada dois dias. Basicamente, você tem de se comprometer a usá-lo todos os dias (ou pelo menos a cada dois dias) para poder ver os resultados de seus esforços.

2. O Twitter pode ser uma fonte excelente de tráfego para seu *site* na internet ou *blog*. Eu uso o Twitter de três a quatro vezes por dia para promover as postagens diárias no meu *blog*. De acordo com meu relatório de tráfego, o Twitter é minha terceira melhor fonte de tráfego para o meu *site*, atrás do Google e do tráfego direto. Normalmente, isso representa entre 12% e 15% de todo o tráfego para o meu *site*.

3. O Twitter é uma maneira excelente de dividir informações sobre coisas que você queira compartilhar. Eu uso o Twitter para informar as pessoas sobre meus boletins informativos e os seminários que estou realizando ou qualquer evento em que esteja participando.

4. Você tem de responder para as pessoas que te contatam. Se as pessoas te procurarem no Twitter, certifique-se de responder a elas. Existem duas maneiras que as pessoas podem contatá-lo. A primeira é usar o símbolo @ com seu nome de usuário e a outra é por meio da MD (mensagem direta). Também, se alguém retuita uma de suas mensagens, envie, sem falta, uma mensagem de obrigado a eles para reconhecer o retuite.

5. Você tem de fazer com que sua mensagem seja entregue com poucas palavras. Uma vez que você tem apenas 140 caracteres para enviar sua mensagem, você realmente precisa pensar na mensagem que quer produzir. Certifique-se de que sua mensagem seja objetiva e direta.

6. Deixe pelo menos 20 caracteres sobrando na sua postagem para que ela possa ser retuitada sem encurtar sua mensagem. Uma coisa legal sobre o Twitter é que ele está cheio de pessoas que pensam igual que talvez queiram compartilhar sua mensagem com seus seguidores. Neste caso, eles podem retuitar sua mensagem. Basicamente, eles pegam a mensagem que você escreveu e a compartilham com seus seguidores. Para poder ter certeza de que sua mensagem original ficará intacta, deixe pelo menos 20 caracteres sobrando para que ela possa ser retuitada. O motivo disso é que o início de um retuite começa com "RT@username" e geralmente ele tem cerca de 20 caracteres. Se sua mensagem é muito comprida para ser retuitada, então ela provavelmente não será retuitada.

7. Use *hashtags* para ser encontrado mais facilmente. *Hashtags* são o que as pessoas usam para categorizar seus tuítes por assunto. Vá até a caixa de busca no Twitter e digite #(seu assunto de interesse).

8. Os tuítes têm uma vida muito curta. Já que existem muitas pessoas tuitando o tempo todo, sua mensagem passa a ser uma em um milhão por dia. Se você sentir que não está sendo ouvido, não se preocupe, as pessoas o ouvirão, apenas tuíte algo que dê o que pensar ou que seja sugestivo e elas virão.

9. É uma maneira excelente de encontrar informações ou buscar oportunidades. Eu uso o Twitter para encontrar oportunidades de trabalho ou para encontrar informações daquilo que acho interessante. A caixa de busca no Twitter é uma ótima maneira de encontrar informações. Por exemplo, digamos que você está procurando um cargo de vendas na sua área; você poderá digitar "emprego, vendas, (sua cidade)" e ver os resultados. É impressionante quantas informações as pessoas colocam no Twitter.

10. Use o *Hootesuite* ou algum tipo de serviço para programar seus tuítes. Como eu trabalho o dia todo, não posso ficar no Twitter o tempo todo. A solução para isso é usar um serviço como o *Hootesuite* para programar seus tuítes. Esses serviços lhe permitem programar seus tuítes em horários diferentes e em qualquer dia que você quiser.

11. Se quiser que sua mensagem seja ouvida, eu descobri que o melhor horário para tuitar é entre 9h00 e 15h00.

12. Os meus seguidores no Twitter são ótimos. Encontrei muitas pessoas ótimas no Twitter. Meus seguidores me envolvem em conversas, me fazem perguntas, me dizem o que está acontecendo em seus mundos, me ajudam quando preciso e me dão suporte. Embora eu tenha mais de 12.000 seguidores entre duas contas no Twitter, eu curto cada um deles.

Aqui está como eu promovo as postagens diárias no meu blog no Twitter:

1. Escrevo três ou quatro perspectivas que tenham até 120 caracteres. Cada perspectiva precisa ter informações suficientes para fazer com que alguém queira clicar no *link*. Eu uso um documento do Word para escrever meus pensamentos e me certifico de que eles se encaixarão no limite de 140 caracteres.

2. Uso um encurtador de URL para reduzir o tamanho da URL ou do endereço no *site* na internet. O Twitter tem um limite de 140 caracteres. Você precisa do máximo de caracteres possíveis para transmitir sua mensagem. Se tiver um endereço na internet que tem 110 caracteres de comprimento, então sobram apenas 30 caracteres para transmitir sua mensagem. Um encurtador de URL pegará uma URL longa e a encurtará para 20 caracteres ou mais – e você poderá customizá-la. (Bit.ly é o serviço que eu uso, mas se você quiser encontrar um que satisfaça a sua necessidade, procure on--line por "encurtador de URL".) Copie a URL (endereço na internet) para a postagem do seu *blog* da barra de endereços do seu navegador e cole-a na caixa do encurtador em bit.ly. Clique em "encurtar" e você receberá uma nova URL. Um benefício excelente que o bit.ly tem é o analítico instantâneo. Você pode ver informações como: quantas pessoas clicaram no seu *link*, de onde ele veio, quantos retuites houve e mais.

3. Blogue toda vez que você tiver novo conteúdo que queira compartilhar com o mundo.

Chris Hamilton tem 25 anos de carreira em vendas e marketing com empresas diferentes, que vão de iniciantes a algumas das principais empresas no Fortune 500.

Ele escreve um blog diário, Sales Tip A Day, *encontrado no http://www.SalesTipADay.com, o qual ajuda vendedores, empresários, pequenas e médias empresas, com dicas de vendas e marketing.*

O Chris também administra uma empresa de consultoria em vendas e marketing que ajuda indivíduos e empresas a alcançarem sucesso nas vendas e em marketing por meio de processos provados on-line e no mundo real.

Siga o Chris no Twitter no http://twitter.com/salestipaday.

Tuites de Jeffrey Gitomer Relacionados à Mídia Social

O Twitter não é apenas liberdade de fala, é a liberdade de pensamento e a liberdade de expressão. Gitomer, 5 de novembro de 2010, 09h52m15, via internet.

Está se perguntando como usar (ou usar melhor) a mídia social para o sucesso das vendas? Assista a este seminário! http://bit.ly/socialmediaforsales, 27 de outubro de 2010, 11h05m41, via internet móvel.

Todos os chefes que são contra a mídia social são aqueles que não sabem como usá-la. gitomer, 5 de outubro de 2010, 13h44m12, via internet.

Muitas #hashtags #fazem #você #parecer um idiota#. Escolha uma palavra que levará as pessoas até você, como #vendas #lealdade ou #gitomer, 11 de julho de 2010, 10h51m12, via internet.

As Páginas Amarelas apenas dizem às pessoas onde você está. O Google diz quem você é, onde você está e quão bom você é – ou não. gitomer, 10 de julho de 2010, 09h36m48, via internet.

A mídia social é a nova chamada fria, e você ainda está por aí batendo nas portas. gitomer, 28 de maio de 2010, 06h23m36, via internet.

Sua empresa não te deixa usar o Facebook porque a cabeça dos gerentes está enterrada na areia. gitomer, 28 de maio de 2010, 03h41m07, via internet.

Você poderia colocar as palavras "não enche meu saco" no meio de seus panfletos e ninguém as encontraria. gitomer, 13 de abril de 2010, 16h21m44, via internet.

Mídia social – a nova chamada fria. Quer brincar? http://bit.ly/5ftvJN. gitomer, 17 de janeiro de 2010, 17h23m51, via internet

Sucesso nos negócios. Os bem preparados provavelmente sobreviverão mais. Os que estão mais bem preparados provavelmente ganharão mais. gitomer, 28 de julho de 2009, 18h30m10, via internet.

O desafio de cotações ótimas é: as pessoas as veem rapidamente, não percebem seu poder e deixam de tomar uma medida. gitomer, 24 de julho de 2009, 06h47m42, via internet.

Não é apenas pensar – é capturar seus pensamentos e torná-los realidade. Sobre o que você tem pensado ultimamente? Gitomer, 14 de julho de 2009, 06h29m30, via internet.

Como passar o tempo em pensamentos: escreva seus pensamentos quando eles surgem. Dessa maneira você os preserva e clareia seus pensamentos. Gitomer, 14 de julho de 2009, 06h27m19, via internet.

GESTÃO DO TEMPO: você já sabe o que fazer, apenas não está fazendo. gitomer, 4 de maio de 2009, 08h32m15, via internet.

Quando você tem uma escolha sobre o que fazer – sempre faça o que você se lembrará mais. Gitomer, 23 de abril de 2009, 22h56m48, via internet.

O óbvio é normalmente direcionado àquelas pessoas que não enxergam além do óbvio. gitomer, 23 de abril de 2009, 01h27m49.

Não há o suficiente de dias felizes, mesmo se todos os dias forem felizes. #gitomer, 25 de dezembro de 2010, 08h26m, via internet.

Você não precisa "captar o espírito". Você cria o espírito de dentro de você, e o mantém iluminado diariamente com seu entusiasmo. gitomer, 14 de dezembro de 2010, 13h24m, via internet.

O mundo
não é
apenas
pequeno, ele
é instantâneo.

JEFFREY GITOMER

BOOM DO YOUTUBE!

A Diferença entre Mídia Social e Mídia Social para Negócios no YouTube

O YouTube proporciona as melhores oportunidades para você promover seu nome e sua marca. Qualquer pessoa no mundo consegue te encontrar, assim como encontrar suas informações.

E é GRÁTIS!

Se você tem um canal no YouTube, vá para a página principal e veja quantas visitas você teve. Se forem menos de 1.000, você não proporcionou oportunidades suficientes para os outros te acharem ou valor suficiente para qualquer tipo de atividade viral.

Deixe-me compartilhar algumas oportunidades com você:

- **Crie uma biblioteca de testemunhos de clientes, dicas e ideias sobre seu produto que não aparecem nenhuma brochura.**
- **Registre filosofias nos negócios que você tem e quer compartilhar com os outros.**
- **Registre sua melhor ideia da semana.**
- **Registre seu cliente favorito da semana.**
- **Registre seu restaurante favorito na sua cidade.**

Você entendeu.

Sua habilidade de transmitir no seu próprio canal do YouTube é limitada apenas pela sua imaginação e seu tempo alocado. E, como já mencionei, É GRÁTIS!

> Comece com vídeos de testemunhos de clientes que levarão a mais clientes e você poderá mostrá-los quando estiver fazendo uma apresentação de vendas para provar um ponto de vista.

PONTO-CHAVE PARA O ENTENDIMENTO: Mantenha todos os vídeos curtos e claros (quatro minutos é o tempo ideal). Faça vídeos divertidos e reais. Certifique-se de que os vídeos postados sejam uma representação precisa de quem você é no mundo dos negócios, e o que acredita seja verdadeiro com seus clientes, seu produto, sua empresa e você.

E aqui está a melhor parte: O YouTube é GRÁTIS!

Dica do Git Grátis... Há um plano de ação específico que eu sigo para criar vídeos de impacto no Youtube. Se você quiser a lista, visite http://www.gitomer.com e insira as palavras VIDEO PLAN na caixa de *GitBit*.

Como Ter Sorte no YouTube

Por Julien Smith

Nos sete anos que tenho participado da mídia social, encontrei muitas histórias de sucesso. Muitas são novas empresas que não poderiam ter existido antes.

O sucesso acontece por causa do marketing por e-mail, Twitter, *blog* e muitas outras plataformas. Mas nenhuma delas me surpreendeu como as histórias de sucesso do YouTube.

O YouTube é mágico. Nunca antes uma plateia havia sido encontrada em um único "local". Nunca antes mais pessoas conseguiram acessar informações de todos os tipos. (Eu recentemente aprendi como abrir um coco em 30 segundos). Nunca antes tantas pessoas conseguiram compartilhar o conhecimento que elas têm, ajudando as pessoas a crescer, tudo de graça.

Do outro lado da moeda estão os produtores de vídeos. Eles têm acesso às ferramentas mais simples e fáceis da história para dar à população do YouTube o que eles precisam saber. Mercados de nicho são criados diariamente no YouTube, por populações *ad-hoc* que buscam informações (como o Quora, outro *site* social promissor, faz hoje). Se os usuários não conseguem encontrá-las, eles se tornam produtores e são vistos.

Em outras palavras, o YouTube é um mercado de entretenimento e informações. Eu conheço bem as redes sociais, mas as maneiras que as pessoas encontram para ter sucesso no YouTube nunca deixam de me impressionar. Existem centenas, talvez milhares, de modelos de negócios.

Por causa do YouTube, minha amiga Julie Angel (*SlamCamSpam* no YouTube ou http://www.JulieAngel.com) tornou-se uma das acadêmicas mais publicadas e cineasta de documentários no mundo. Seus vídeos começaram com cenas que ela já tinha, mas agora ela compilou muitos milhões de visitas. Isso levou a trabalhos com clientes como Canon, Nokia, Native Instruments, Yota, entre outros.

Julie disse que ela estava impressionada quando viu 90 visitas em seu primeiro vídeo – afinal, é mais do que ela teria num festival de cinema.

Walt Ribeiro (http://www.ForOrchestra.com ou *WaltRibeiro* on YouTube) é um tipo totalmente diferente de história de sucesso no YouTube. De certa maneira, ele é como um professor de música normal, ensinando as crianças todos os dias. Mas, no entanto, ele é totalmente novo. A maioria dos professores de música tem aproximadamente 10 alunos por dia, mas Ribeiro tem milhares, todos grátis. E como o YouTube está "sempre aberto", ele também está ensinando as pessoas quando está dormindo – ao mesmo tempo, trabalhando menos (e ganhando mais) do que a maioria dos professores de música trabalharia. Além disso, ele não compete com outros professores, mas sim com revistas e outras publicações de música.

Pelo fato de o YouTube apresentar novos detalhes, e as pessoas querem assistir novos vídeos todos os dias, sempre existem novas histórias como esta. E quando os produtores experimentam o sucesso pela primeira vez, há uma boa chance de eles aprenderem como aproveitá-la para desenvolver algo sustentável.

Na realidade, o sucesso no YouTube tem muito pouco a ver com sorte. Alguns poderão encontrá-lo por acaso, mas existem estratégias para ajudar todos os tipos de pessoas a construir um público que eles poderão promover por muitos anos.

Aqui está como desenvolver um público no YouTube que você poderá promover por muitos anos:

COMECE COM O QUE VOCÊ TEM. Não importando a rede social, as pessoas que têm sucesso triunfam ao usar as vantagens existentes que elas já têm. Seja um conteúdo ou conhecimento especializado, elas nunca começam do começo, o que as ajudam a ficar à frente da manada.

Julie Angel tinha acesso a alguns dos principais especialistas em *parkour* (arte de deslocamento) no mundo – algo que a maioria das pessoas nunca conseguiria ter. Assim, seu conteúdo é um vencedor natural num mercado de YouTube. Você tem este tipo de acesso? Pergunte a outras pessoas quais vantagens você tem, já que você não está valorizando-o como merecido.

NÃO CRIE VÍDEOS. CRIE SÉRIES DE VÍDEOS. Quando você ensina algo no YouTube, faça uma série de vídeos curtos não apenas para manter a atenção das pessoas, mas também para ajudar a ter mais visitas e mais chances de os anúncios serem clicados. Quanto mais espectadores o seguirem pelo conteúdo, mais eles se sentirão como se te conhecessem. E todas as vezes que eles clicam em um novo vídeo, há uma nova chance para eles atingirem o botão de Subscribe (Subscrever), ajudando-o a se comunicar com eles no futuro.

USE O CONTEÚDO EXISTENTE. Não comece do nada. Aproveite qualquer vídeo que você já tenha, ou qualquer conteúdo que tenha sido criado anteriormente ou queria criar. Use ideias antigas e recrie-as no formato de vídeo para poder começar rapidamente sem se sentir esmagado pela necessidade de novas ideias.

USE PROVAS SOCIAIS. Você tem vídeos de você mesmo falando a um público, ou onde outras pessoas estejam falando sobre sua empresa em vez de você mesmo? Testemunhos e multidões mostram credibilidade sem que você tenha de dizer isso, ajudando-o a ser visto como uma autoridade no seu campo.

Walt Ribeiro usou prova social de maneira diferente. Para ajudar os patrocinadores a se sentirem confortáveis com seu novo projeto de mídia, ele rapidamente conseguiu um patrocínio para mostrar que outras empresas já confiavam nele. Isso fez com que outros entrassem rapidamente na jogada, e com uma taxa de patrocínio mais alta.

PROGRAME SEUS SHOWS. Todos têm um *site* na internet que eles visitam de manhã antes de qualquer outra coisa, seja o Facebook, certos *blogs* ou CNN.com. Ajude seu público ao dizer a eles quando serão os novos shows – e então produza esses shows antecipadamente, para não ter de ficar noite adentro os editando (como já aconteceu comigo várias vezes).

CONSTRUA UM EXÉRCITO PARA VOCÊ. Falamos sobre construir exércitos no livro *Trust Agents*, mas a maneira como algumas pessoas usam-no é extremamente eficaz. Elas perguntam aos seus fãs diretamente: "Você pode falar para cinco amigos seus sobre este vídeo hoje?"

Depois de ter construído um pouco de confiança com seu público, um pedido direto como este pode ser levado bastante a sério, trazendo novos assinantes ou novos espectadores muito rapidamente.

Tenho usado esta técnica com bastante efeito no meu *blog* (http://www.InOverYourHead.net). Enfim, no final de um vídeo ou postagem as pessoas estão procurando o que vem a seguir, assim sendo, é bastante útil proporcionar a elas uma chamada para ação.

MUDE SEU MODELO DE NEGÓCIOS. Uma vez no negócio de vídeos, seu trabalho não é mais fazer vídeos... mas como este negócio se tornará depende de você.

Você está vendendo patrocínios ou está tentando obter clientes ao mostrar sua autoridade e valor? Decida onde os vídeos o ajudarão ou crie vários que falem para segmentos diferentes do mercado e veja quais terão sucesso.

Quando Julie Angel mostrou os vídeos de ação que ela havia feito, com especialistas de classe mundial em *parkour* (arte de deslocamento) fazendo cambalhotas e pulando de um prédio para outro, ela mostrou que era capaz de produzir trabalhos excelentes sem ter de passar pelas rotas normais. O YouTube permitiu que ela se conectasse e enviasse sua mensagem diretamente para qualquer oportunidade que surja.

ESCUTE OS COMENTÁRIOS. Os comentários no YouTube são conhecidos por serem incendiários, ainda assim, todos os produtores com os quais falei disseram que eles foram críticos para o sucesso de seu projeto. A Julie Angel confirma que cada comentário a ajudou a entender o que ela havia feito de errado em seus vídeos ou quais partes os espectadores mais gostaram. Eles também ajudam a promover uma comunidade e desenvolver prova social, sem falar que os melhores comentários podem acender novas ideias para trabalhos futuros.

POR ÚLTIMO, TENHA UM PLANO. Mas não tenha medo de cometer erros! Procure por "primeiros vídeos" no YouTube por algum tempo; você verá vídeos horríveis feitos por pessoas que mais tarde passaram a ser educadas, engraçadas, charmosas e atraentes. Este é um processo natural, mas lembre-se de manter a autenticidade inicial para ajudá-lo a se conectar com seu público. As pessoas esperam certa vulnerabilidade no YouTube, portanto, tentar parecer perfeito não irá muito bem. Boa sorte!

Julien Smith é coautor do best-selling do The New York Times, Trust Agents. *Ele é consultor e palestrante, envolvido em comunidades on-line por mais de 15 anos – desde os primeiros BBSes e flashmobs (multidão que aparece em locais predeterminados, realiza uma atividade e se dispersa em poucos minutos) à internet social como a conhecemos hoje.*

O Julien há muito se encontra na vanguarda da tecnologia informática. Ele foi um dos primeiros usuários do Twitter, e está entre os primeiros a usar o podcasting *em 2004. Desde então ele tem trabalhado, e tem sido entrevistado, para várias organizações da mídia como CNN, CBC, CTV – e muitas outras que não começam com a letra C. Você pode contatá-lo no juliensmith@gmail.com.*

O que você faz fora da mídia social determinará seu destino dentro dela.

Se você for um representante de vendas em uma empresa e chega ao trabalho no horário, cumpre sua cota mensal, atinge o nível do Clube do Presidente e vai para casa às 18 horas, assiste TV, responde e-mails e se prepara para as chamadas de vendas do dia seguinte, você não se sairá muito bem na mídia social para os negócios.

JEFFREY GITOMER

A COLA!

BLOG. BLOG. BLOG.

O *blogging* é uma parte enorme do processo de cola que conecta o Facebook, o LinkedIn, o Twitter e o YouTube.

Ao postar conteúdo e vídeos consistentes e valiosos, sua mensagem passa a ser procurada e relevante no assunto de sua especialidade, e seu desejo de comunicar informações valiosas para seu público de seguidores.

Os *blogs* criam atração e, consequentemente, assinantes. E eles têm *links* para todos os lugares do mundo, incluindo as páginas da mídia social.

Blogar é divertido e fácil. E também é grátis. Você escolhe o serviço.

Como mencionei anteriormente, o primeiro passo é se registrar http://www.yourname.com. AGORA. Existem centenas de lugares para se fazer isso. Escolhi não mencionar nenhum deles de propósito.

Se seu nome já foi usado, adicione a palavra *blog* no final do seu nome. Se ainda assim ele já foi usado, use algo criativo na frente do nome, como "o maior" ou "eu sou" até finalmente encontrar aquele que esteja disponível. Use seu nome como o *site* de destino para seu *blog*.

Dê uma olhada no meu *blog*. Ele está localizado no http://www.salesblog.com.

OBSERVE: Quanto conteúdo há neste blog.
OBSERVE: Quantos vídeos estão lá.
OBSERVE: Quantos *links* existem.
OBSERVE: O que está à venda.
OBSERVE TAMBÉM: Sua conectividade com meus outros canais de mídia social.

Aqui estão 2,5 elementos que seu blog deve conter:

1. Uma biografia e fotos suas que sejam atuais. Faça-o humano e pessoal.
2. Uma declaração de valor que reflete porque você começou a blogar.
2,5. Notícias, diversão, *insights*, valor, categorias, informações específicas, humor e outras informações transmissíveis e assináveis.

Eu recomendo que você visite, assine e estude os seguintes blogs. *Eles são exemplos de como as pessoas de negócios bem-sucedidas e autores criaram* blogs *incríveis com seguimentos substanciais. Eu os recomendo porque os considero valiosos para mim. Eu sei que eles serão exemplos importantes para você.*

Jeff Jarvis
www.buzzmachine.com

Jeff Jarvis é autor. Seu livro, *What Would Google Do?* é um *best-seller* do *The New York Times* que você precisa ter e ler.

O Buzzmachine é seu *blog* incrível, bem escrito. (É bom ser! O Jeff é professor de jornalismo.) Ele contém informações sobre tudo do Google sobre o episódio de câncer de próstata do Jeff.

É igualmente importante observar o que o *blog* do Jeff tem feito para sua página no Twitter. Com mais de 60.000 seguidores e aparecendo em mais de 6.000 listas, Jeff Jarvis é a essência das mensagens de valor que criam atração e naturalmente mais seguidores. Se você precisar de mais autenticidade, lembre-se de que o Jeff é um convidado regular no show do "Howard Stern".

Seth Godin
www.sethgodin.typepad.com

Seth Godin é original. Ele é *blogueiro*. Ele é autor. Ele é palestrante. E ele é muito bem-seguido.

Ele tem mais de 60.000 seguidores, aparece em mais de 6.500 listas e comenta sobre quase tudo no mundo.

Seth não é apenas um autor, ele não é apenas um escritor, ele não é apenas um palestrante, e ele certamente não é apenas mais um tuiteiro. Seth Godin é um pensador – um pensador de vanguarda, de classe mundial – que, ao blogar, atraiu milhares de seguidores no Twitter. E, apenas para registrar, ele blogou apenas 912 vezes.

Seu *blog* lista todos seus livros e *links* para eles no seu *site* na internet, e contém mais de nove anos de informações valiosas e reenviáveis.

Ali Edwards
www.aliedwards.com

Ali Edwards é uma Artista Viva, autora e palestrante.

Ali é uma das *designers* e *scrapbookers* mais reconhecidas do mundo. Ela também é mãe.

Ali é irmã da minha parceira, Jessica, e eu a conheço a mais de seis anos.

Os *blogs* dela são sobre *scrapbooking*, *design*, vida, família, autismo e crianças. Ela também vende espaço de patrocínio no seu *blog* que ajuda a sustentar sua família e seu desejo de continuar no seu campo de escolha.

Seu *blog* é excelente. Ela tem milhares de seguidores leais. Ela recebe centenas (às vezes milhares) de comentários todos os dias. E, embora ela tenha uma tonelada de patrocínio em seu *blog*, eles ainda aparentam ter muito bom gosto.

Para mostrar (e recompensar) seus patrocinadores, Ali posta brindes dos produtos de seus patrocinadores. Esses brindes criam milhares de respostas e prospectos para os patrocinadores e é a oportunidade de eles testemunharem o poder do *blog* da Ali.

VEJA BEM: Se você acha que não poderá sobreviver blogando, dê uma olhada na Ali Edwards. Ela é um exemplo clássico de como família, qualidade e valor podem se manifestar em dólares.

O Processo de Cola

Mencionei, no decorrer de toda a obra, elementos fora da mídia social para negócios que criam atração adicional para os elementos dentro da mídia social para negócios.

Tenho me referido a eles como a "cola".

> Qualquer coisa que você faça na sua carreira nos negócios cria atração para com a mídia social se você fizer corretamente.

Você dá uma palestra, e no final pede às pessoas para que te sigam. Se elas gostaram da sua palestra, elas farão isso.

Os maiores elementos da cola requerem mais trabalho:

- **Seu *site* pessoal na internet.**
- **Sua revista eletrônica semanal.**
- **Seu *blog*.**

Se você decide escrever diariamente, poderá criar muita atração ao blogar.

Se decidir enviar uma mensagem de valor semanal para seus clientes e prospectos, poderá criar muita atração por meio de uma revista eletrônica.

Eu faço ambos.

Se você decide começar seu *site* pessoal na internet, será útil se você elevar sua classificação no Google, o que lhe permitirá ter uma extensão completa de opções promocionais e posicionamento. Ele também lhe permite criar *links* de/para suas páginas na mídia social para negócios.

Outro elemento de cola que eu uso são meus seminários públicos, minha coluna semanal que aparece nos jornais, meus livros, meus outros produtos em vídeo e (mais importante) o Google. O Google cria um farol em direção a tudo que tenho e a tudo que faço.

Eu sou procurado, eu sou achável e eu sou abordável.

Eu uso o termo *cola* porque é grudento e mantém as coisas grudadas. Eu não tenho apenas uma página no Facebook, eu não tenho apenas uma conta no Twitter, eu não tenho apenas conexões no LinkedIn, eu não tenho apenas um canal no YouTube. Eu tenho um plano de ação coeso para conectar um com o outro e, quando combinados com vários elementos externos, ele cria um momento importante para comigo que cresce diariamente.

Embora o processo seja lento no início, ele requer não, na realidade, exige consistência. Depois de desenvolver a disciplina e criar os elementos, você pode fabricar sua própria cola. Você decide se quer um tubo de cola pequeno ou um tambor com 55 galões.

Pessoalmente, eu quero um tambor de cola.

O Poder da sua Revista Eletrônica (e-zine)

No início de 2001, sem saber que nosso mundo mudaria em 11 de setembro, ligamos para 1.000 clientes nossos e pedimos seus endereços de e-mail para que pudéssemos lhes enviar nossa coluna semanal. Tivemos a sorte de reunir 21.000 nomes.

NOTA: Era uma época em que os endereços de e-mails não eram tão bem protegidos como são hoje.

VEJA BEM: Eu tinha uma reputação como autor e seguidores de minha coluna semanal.

Criamos uma lista de e-mails e enviávamos minha coluna semanal. Pedi ao meu irmão Josh que criasse o primeiro *design* da minha revista eletrônica. E, apesar dos eventos de 11 de setembro, enviei a primeira edição do *Sales Caffeine* em novembro de 2001.

A resposta foi imediata, positiva e me impressionou muito. As pessoas começaram a reenviar minha revista eletrônica para outras pessoas, as quais então faziam uma assinatura.

Uma semana tentamos vender um dos meus livros e imediatamente vendemos centenas. Assim, decidimos combinar a mensagem de valor semanal com uma oferta de venda.

Todas as semanas, minha revista eletrônica:

- **Apresenta uma mensagem consistente.**
- **Contém informações valiosas.**
- **Atrai novos assinantes.**
- **É uma fábrica de dinheiro.**

Da minha revista eletrônica as pessoas compram livros, ingressos para seminários públicos e ofertas especiais. Elas estão dispostas a aproveitarem meus materiais de aprendizado porque elas conseguem se relacionar e apreciam meus materiais de valor grátis.

Em nosso nono ano, nossa lista ativa agora contém mais de 300.000 assinantes.

A *Sales Caffeine* passou por seis alterações importantes no *design* e sem dúvida passará por mais. Ela agora tem um *link* para todas as minhas páginas na mídia social. Eu agora faço vídeos da minha coluna semanal, para que você possa ler e assistir as mensagens de valor. Eu posto uma fala de vendas semanal, a qual é hospedada no YouTube. E há mais de 20 *links* em cada edição que o levará a ler mais, aprender mais e comprar mais.

Minha revista eletrônica tornou-se o ponto de apoio da minha empresa. Ela criou uma oportunidade para eu ficar à frente e também ter maior destaque para todos os meus clientes. Internamente, ela passou de uma posição de meio período para um emprego de tempo integral.

POR FAVOR: Use minha revista eletrônica como um modelo para a sua própria.

VEJA BEM: Eu considero minha lista de endereços de e-mail como meu único ativo de negócios mais valioso.

A criação de uma mensagem de valor mensal, a qual alcança todos os seus clientes e prospectos, não é uma opção no mundo dos negócios de hoje. É uma ferramenta de marketing, de marca, de comunicação e de dinheiro. É um elemento vital da cola em sua campanha da mídia social para negócios.

BOOM DE MÍDIAS SOCIAIS!

Tem Valor?

Valor é uma palavra complexa, mas é melhor você dissecar e entender sua complexidade porque valor está no coração do seu desafio, oportunidade e caminho para o sucesso da mídia social para negócios.

Eu posto atualizações de valor no Facebook, atraio milhares de seguidores no LinkedIn por causa do valor, eu tuito valor e posto vídeos de valor no YouTube.

REALIDADE: O valor deve ser percebido como tal pelo receptor, ou não tem nenhum valor. Se você acha que é valioso e suas conexões acham que não é valioso, então *deletar* superará *encaminhar* ou *compartilhar*.

DESAFIO: Coloque-se no lugar deles, e na cadeira deles e na mente de suas conexões. Leia o que quer que tenha escrito em voz alta, e pergunte a si mesmo: *Como usarei isso para aprender? Como usarei isso para ganhar? Como usarei isso para melhorar meus negócios? Como usarei isso para me melhorar? Como usarei isso para melhorar minha vida?*

Se essas perguntas não podem ser respondidas de maneira positiva, você não alcançou o valor na mente de suas conexões e, como consequência, seu alcance da mídia social para os negócios sofrerá.

BOAS NOVAS: Valor é raro. Porque eu sou um provedor de valor, eu estudo valor. E porque estou no mercado com muitos outros autores, palestrantes, escritores, editores e pessoas de negócios, eu estudo o valor deles. Eu recebo seus e-mails, eu entro em seus *sites* e leio suas ofertas – na maioria seguido da tecla "deletar".

Oh, eles oferecem coisas que acreditam que sejam valiosas, mas, no final das contas, o que eles esperam é uma troca. O valor percebido deles pelo seu dinheiro. Grande erro.

AQUI ESTÁ O MEU SEGREDO: Eu me coloco na frente das pessoas que podem me dizer sim, e demonstro o valor primeiro.

> Suas mensagens de valor devem ser genuínas, autênticas e sem uma oferta para comprar. Sua mensagem de valor deve ser transparente e sem expectativa de retorno ou resposta.

Quando seus seguidores e suas conexões percebem que você oferece ajuda genuína, e que suas mensagens têm valor real, eles começarão a comprar de você; isso porque eles acreditam que o restante do que você oferece também tem valor. Valor para eles.

Eu vejo todos os tipos de lições, vejo todos os tipos de classes, vejo todos os tipos de *downloads* e vejo todos os tipos de ofertas sobre como ganhar, como construir e como monetizar a mídia social. Mas eu raramente vejo a palavra "valor" nessas mensagens. E eu NUNCA vejo informações valiosas oferecidas antes do pagamento ser executado.

Mas o valor não é um segredo profundo, obscuro. Na realidade, eu não acho que haja algo mais óbvio no planeta! Se você dá valor a alguém sem qualquer obrigação ou expectativa, eles gostarão disso, se conectarão com este, contarão para outras pessoas e vão querer mais – *a verdadeira essência da mídia social para negócios.*

Valor em primeiro lugar, conexões em segundo e dinheiro em terceiro. O dinheiro não é o motivo, é o subproduto e o boletim para fazer a coisa certa *com valor.*

Valor em primeiro
lugar, conexões em
segundo e dinheiro em terceiro. O dinheiro
não é o motivo, é o subproduto e o boletim
para fazer a coisa certa
com valor.

JEFFREY GITOMER

Socorro, Eu Quero Escrever, Mas Não Sei Como!

O processo central da mídia social para negócios é escrever. Todos os aspectos do Facebook, LinkedIn, Twitter e YouTube requerem escritas.

Nos últimos 15 anos tornei-me um escritor de sucesso. Muitos de vocês aspiram fazer o mesmo. Ou pelo menos ser um escritor melhor.

Muitas vezes recebo as chamadas seguintes em busca de ajuda para escrever:

"Como eu escrevo como você?"

"Eu não sou um escritor muito bom."

"Eu me sento para escrever e não sai nada."

Não posso ensiná-lo "como escrever" ou "como escrever melhor". Posso compartilhar com você como eu escrevo, e você assume daqui para frente.

Todos precisam (aprender a) escrever de maneira mais persuasiva. A escrita clara, concisa e convincente é uma raridade no nosso mundo. Os e-mails e mensagens de texto ajudaram com o claro e conciso, mas tiraram o "persuasivo" da equação.

Facebook, LinkedIn, Twitter, YouTube, revistas eletrônicas e *blogs* trouxeram "persuasivo" de volta para a equação.

Vou compartilhar meus hábitos pessoais e métodos de escrita nas próximas páginas porque acredito que eles te ajudarão a entender melhor a escrita e para que você se torne um escritor melhor.

Aqui estão as estratégias de escrita que eu implemento diariamente. Essas são as lições que aprendi depois de escrever 1.000 colunas semanais e 11 livros.

Eu escrevo como penso. Eu escrevo como falo. Os pensamentos que escrevo são uma extensão silenciosa do que eu teria dito se estivesse falando em voz alta. É por isso que eu leio em voz alta quando edito. Quero que minha escrita soe como se eu estivesse falando. Muitas vezes recebo cartas ou e-mails que dizem: "Enquanto lia, sentia como se você estivesse falando comigo" ou "Senti como se você estivesse bem aqui". É por isso que eu "escrevo" como "falo".

Escrevo em qualquer lugar, a qualquer hora. Não preciso de um espaço ou local. Somente preciso de uma ideia ou pensamento. Eu escrevo quando me bate uma ideia. Se eu não estiver perto de um computador, pego meu bloco ou um guardanapo de papel – o objetivo é capturar a ideia ou o pensamento no momento em que ela aparece na sua mente. Você *nunca* se lembrará dela mais tarde.

Eu coleciono ideias. Eu coleciono pensamentos. Eu tenho centenas deles. Quando quero escrever sobre algo ou tenho um prazo a cumprir, seleciono uma das minhas ideias e elaboro sobre esta.

Quando tenho a ideia, eu a expando. Escrevo tudo que me vem à mente. Todos os pensamentos, frases ou palavras que eu consigo pensar. Eu ponho tudo para fora. Às vezes tenho de editar algumas coisas quando acabo, mas escrevo numa rajada porque as ideias são passageiras e os pensamentos são ainda mais passageiros. Em 17 anos de escrita, o que eu descobri ser verdade é que os pensamentos deixarão sua mente se você não escrevê-los de uma vez.

Eu escrevo da minha própria experiência. Eu não preciso de estatísticas de pesquisa para sustentar um pensamento ou conceito. Ou aconteceu comigo ou acredito ser verdade com base na minha própria experiência pessoal. As estatísticas mentem. Eu não.

Quando escrevo uma coluna ou um capítulo, eu me prendo a um assunto, pensamento ou tema. Isso cria um exame minucioso e me força a enxergar além da norma e criar novas ideias para métodos ultrapassados e pensamentos convencionais.

Eu escrevo para transmitir o valor da minha mensagem de maneira clara e acionável. Quero ter certeza de que minha mensagem seja transferível e acionável por parte do leitor. Se os leitores considerarem minhas palavras, pensamentos e ideias valiosos, eles tomarão medidas imediatas e compartilharão minhas palavras, pensamentos e ideias com os outros.

Não me importo com a gramática. Escrevo de maneira que o leitor possa "entender". Eu me importo com o som da frase quando lida, e como ela se parece quando você a lê, mas não com o que ditam as regras gramaticais. Eu coloco apóstrofes e hífens onde eles não existem, de forma que o leitor tem mais facilidade para seguir o fluxo e entender o pensamento.

Eu me importo com a estrutura e o fluxo. Eu quero que um pensamento flua para outro. Onde isso não acontece ou não pode, eu faço (estruturo) uma lista de coisas. As listas fluem de cima para baixo.

Eu conto com os corretores ortográficos e continuo escrevendo até completar meu pensamento. Eu nunca paro de escrever para "consertar" algo até que o pensamento que estou escrevendo esteja completo. Ortografia e escrita são mutuamente exclusivas. Se você parar para corrigir a ortografia, perderá a linha de pensamento e o momento. Você pode sempre checar a ortografia, mas você não consegue sempre reter o pensamento ou o fluxo.

Minha voz de escrita não é a do PC (politicamente correto). Se eu perco tempo com "ele ou ela", eu perco meus pensamentos. Não tenho a intenção de insultar, estou apenas escrevendo na minha voz. Eu cresci assim. É a mesma voz como nos primeiros livros que li, e continuo lendo. **VEJA BEM:** É uma *mensagem* e um *pensamento*; uma *ideia* ou uma *estratégia* – não um *gênero*.

Eu escrevo no gênero masculino porque eu sou homem. Nunca tive a intenção de ofender ninguém. Estou tentando provar meu ponto de vista, gerar novos pensamentos e ajudar as pessoas a terem sucesso. Este conselho não faz diferença entre homens e mulheres. Leia entre os pronomes. Não fique bitolado neles.

Eu não me incluo com o leitor. Eu me separo do leitor com pronomes. Eu digo "você", "seu", "eles", "ele", "ela" ou "o/a". Eu NUNCA digo "nós" ou "nosso". Eu falo com o leitor, mas nunca me incluo no pensamento. NÃO digo "todos nós sabemos...", digo "você(s) sabe(m)...", NÃO digo "nossos pensamentos nos dizem...", digo "seus pensamentos te dizem..."

Eu quebro as regras da escrita tradicional, da gramática e da pontuação. Os professores de gramática nunca me passariam de série. Quem se importa? Já vendi milhões de livros. Quantos eles venderam?

Eu edito quando acabo, mas faço uma edição melhor no dia seguinte. A edição é reveladora. Ela diz o que você está pensando no momento em que escreveu. Fazer a edição um dia depois também revela "o que eu estava pensando quando escrevi isso?" Meu segredo de edição é que eu leio em voz alta quando edito. E peço a outras pessoas para que editem quando eu acho que acabei. Esses segredos fazem com que minha escrita seja duas vezes mais poderosa.

Acabo minha lista com 0,5 em vez de um número inteiro, por 2,5 motivos básicos.

1. A declaração 0,5 no final de cada lista que faço é a cola que liga o restante da lista.
2. Concluir dessa maneira me faz pensar mais profundamente e em um nível mais alto sobre o assunto. O 0,5 é onde eu posso adicionar filosofia, humor, desafios e uma chamada final para ação.

2,5. Este faz com que minhas listas sejam diferentes de todas as outras listas. Ele me marca e me separa de todas as outras pessoas que fazem listas (exceto pelos poucos que me copiam).

Eu adoro escrever. Este talvez seja o maior segredo para escrever com paixão e clareza. Eu acredito que, quando você adora escrever, os pensamentos fluem profunda e consistentemente. Eu acredito que por adorar escrever, me faz considerar um "legado de longo prazo" assim como um "impacto de curto prazo". Acredito que meu amor por escrever faz de mim um escritor mais completo, o conteúdo torna-se mais relevante e o orgulho pela sua autoria é mostrado em cada sentença.

Eu escrevo com autoridade. Eu sou enfático e declarativo. Se você ler meus pensamentos, não terá dúvidas sobre o que estou dizendo ou como me sinto a respeito.

Acabei de contar os pronomes. A palavra "eu" aparece mais uma 90 vezes. Um recorde. Eu uso a primeira pessoa do singular frugalmente. Se você é um leitor regular das minhas obras, sabe que eu evito a primeira pessoa do plural (nós, nosso) como uma praga. Ela suga o poder da minha escrita e ela drena o impacto ao rebaixar o valor do escritor. Quando você escreve, você é a autoridade. Seu leitor provavelmente não. Não se inclua com eles.

Chega de falar de minhas habilidades de escrita e vamos falar mais sobre as suas habilidades. Aqui estão 5,5 coisas que você pode fazer para melhorar suas habilidades hoje:

1. **Sente-se e escreva algo. Todos os dias.**

2. **Salve suas melhores ideias e pensamentos no momento que elas ocorrem. Não em um pedaço de papel ou um diário. NO COMPUTADOR. Onde você poderá relê-los, expandi-los e editá-los.**

3. **Escreva como você fala.**

4. **Certifique-se de que seus pensamentos são simples, fáceis de entender e completos.**

5. **Edite logo e com frequência.**

5,5. **Lembre-se de que você está escrevendo para o leitor e para você mesmo.**

Para ver se você está no caminho correto, quando edita seus escritos, faça as seguintes perguntas a você mesmo:

- Onde está o impacto?
- Onde está a essência?
- Onde está o propósito?
- Onde está a isca?
- Onde está o valor?
- É persuasivo?
- O leitor vai querer ler até o fim?
- O leitor pensará como resultado desta escrita?
- O leitor agirá como resultado desta escrita?
- O leitor dirá a outras pessoas para lerem isso?
- O leitor enviará esta escrita para outras pessoas?
- O leitor postará um comentário?
- O leitor vai querer mais disso?

IMPORTANTE: Essas regras e estratégias não são apenas para a mídia social para negócios, elas são para escrita. E a mídia social para negócios é apenas uma PARTE da escrita. Escrever é uma parte integral do seu sucesso e tem um papel importante nos seus ganhos.

REPITO: Cada aspecto da mídia social para negócios tem o ato de escrever no seu núcleo. Aprenda a escrever escrevendo diariamente.

Dica do *Git* **Grátis...** Quer conhecer os escritores que positivamente me influenciaram? Vá até http://www.gitomer.com e insira as palavras AYN RAND na caixa de *GitBit*.

As Quatro Regras do Marketing de Boca a Boca

Por Andy Sernovitz

AQUI ESTÃO AS BOAS NOVAS: Não é *MÍDIA* social. É mídia *SOCIAL*. É sobre pessoas de verdade e as conversas que elas têm.

Isso é o que chamamos de boca a boca – e é algo que muda seus negócios para sempre.

A mídia social é uma ferramenta incrível para ajudar a palavra de boca a boca. Ela permite que as palavras de boca a boca viajem mais além, mais rapidamente e para mais pessoas. Mas a palavra de boca a boca é a meta, a mídia social é a ferramenta.

A palavra de boca a boca é sobre encorajar as pessoas a falarem sobre você. É sobre ganhar o respeito e recomendação de seus clientes. É sobre transformar clientes em fãs e funcionários em evangelistas.

Aqui estão algumas regras para fazê-la com sucesso:

Regra n. 1: Seja Interessante.

Ninguém fala sobre empresas entediantes, produtos entediantes ou anúncios entediantes. Se quiser que as pessoas falem sobre você, você precisa fazer algo especial. Qualquer coisa. Se você é entediante, você nunca terá um momento de conversa. Sua palavra de boca a boca vai "cair de cara" (na realidade, ela gradualmente desaparecerá, sem ser percebida).

Antes de rodar um anúncio, antes de lançar um produto, antes de colocar algo novo no cardápio, faça a pergunta mágica: *Alguém diria a um amigo sobre isso?*

Veja, por exemplo, um truque dos 56 sanduíches com nomes bizarros da Chicago Bagel Authority, como o Hoosier Daddy e o Muenster Mash. Ou o sanduíche de *corned beef* de 15 cm na famosa Carnegie Deli em Nova York. Ele continuaria sendo o melhor sanduíche de *corned beef* se ele fosse num tamanho normal. Mas seu conteúdo insano garante que centenas de turistas saem do restaurante todos os dias para espalhar a palavra sobre um dos melhores locais na *Big Apple*.

Provavelmente existem centenas de cadeiras de engraxates na Cidade de

Nova York, mas todo mundo vai até o Eddie's na Grand Central Station. As pessoas dizem para seus amigos fazerem uma viagem especial para ir até lá (passando por muitas outras cadeiras de engraxates boas no caminho). Por quê? O Eddie's tem cadeiras enormes, confortáveis, antigas e em couro vermelho. Você se sente um rei quando se senta nelas e desfruta de alguns minutos de paz nessas cadeiras no final do dia.

Dê às pessoas motivo para falarem de você.

E por favor, eu imploro, pare por um minuto antes de comprar mais anúncios. Pense sobre quanto dinheiro você está para gastar. Pense sobre quão rapidamente você e todas as pessoas no mundo folheiam centenas de anúncios sem nem sequer percebê-los. Não rode outro anúncio a menos que realmente seja válido falar a respeito.

Regra n. 2: Facilite.

A palavra de boca a boca é preguiçosa. Você precisa dar um empurrãozinho se quiser que ela vá a algum lugar. Você precisa fazer duas coisas: encontrar uma mensagem supersimples e ajudar as pessoas a compartilharem-na.

Comece com um tópico que todos consigam se lembrar. Algo como "Nosso software não falha", ou "Eles têm *cream cheese* de chocolate!" ou "Eles te dão tira-gosto enquanto você espera pela mesa", ou "Nome estúpido, mas ele certamente funciona" (qualquer coisa mais longa do que uma sentença é muito. Logo será esquecido ou mutilado).

Todos nós pensamos no Steve Jobs como o maior profissional de marketing de computadores que já existiu. Então, o que ele fez quando ele voltou para a Apple em 1996 com a missão de reavivar uma empresa tropeçando? Ele falou sobre softwares ótimos? Sobre sistemas operacionais? Não.

O grande *insight* de marketing dele foram os computadores cor-de-rosa e roxo.

Todo mundo começou a falar a respeito deles. Eles recomeçaram uma palavra de boca a boca positiva sobre a empresa. As pessoas estavam contando para os amigos porque elas tinham um tópico simples de conversa, o qual era interessante compartilhar. E quando elas ouviam falar sobre os computadores bonitinhos, elas estavam prontas para dar outra olhada em atributos mais importantes.

Uma vez que você tem a ideia da palavra de boca a boca, encontre várias maneiras de espalhá-la facilmente. Existem várias formas de tornar suas ideias portáveis. Um anúncio especial sobre um *site* na internet ou brochura são ações paradas. Coloque-o em um e-mail, e ele estará em movimento.

Regra n. 3: Faça as Pessoas Felizes.

Os clientes felizes são seus maiores anunciantes.

Emocione-os. Crie produtos impressionantes. Proporcione um serviço excelente. Dê um passo além. Faça com que a experiência seja memorável.

Conserte os problemas, também. Certifique-se de que o trabalho que você faz deixa as pessoas energizadas, emocionadas e ansiosas para contar para um amigo.

Quando as pessoas gostam de você, elas compartilham com seus amigos. Elas querem ajudá-lo, querem apoiar seus negócios e querem que seus amigos desfrutem de o que você oferece. Você terá mais palavra de boca a boca quando deixa as pessoas felizes, mais do que qualquer outra coisa que você faça.

Vamos dar uma olhada num dos grandes mistérios da era moderna. Em 1999, por que 60.000 pessoas dirigiram seus carros Saturn para Spring Hill, Tennessee, para se encontrarem com as pessoas que os fizeram? Qual carro poderia possivelmente ser menos interessante do que um Saturn?

O Homecoming do Saturn anual foi uma ótima estratégia de marketing de boca a boca. Mas não teria dado certo se as pessoas não confiassem e respeitassem o Saturn. As pessoas realmente gostavam da empresa. Elas gostavam de sua atitude. Elas se sentiram paparicadas pelos vendedores legais e pelo conceito de não pechincha da empresa. E elas ficaram bastante impressionadas quando recebiam um aviso duas vezes por ano com instruções sobre como ajustar o relógio para o horário de verão.

Assim sendo, eles falaram para seus amigos, apoiando, dessa maneira, a empresa que os apoiava.

Vamos examinar outro grande mistério da era moderna. Por que algumas pessoas gostam tanto do Target? Esta eu não vou tentar explicar, mas, eu não sou o único cara que, quando está de férias, foi levado para visitar um Target que se parece exatamente como aquele que temos na nossa cidade. (Aff)

O Target deixa minha esposa feliz de maneira a ameaçar um homem menos másculo. Mas eles têm algumas coisas estilosas. Preços decentes. Lojas limpas. Uma atitude divertida.

E ela fala para todo mundo sobre o Target.

Regra n. 4: Ganhe Confiança e Respeito.

Se você não é respeitado, você não recebe uma palavra de boca a boca boa.

Ninguém fala positivamente sobre uma empresa que eles não confiam ou gostam. Ninguém coloca seu nome na linha por uma empresa que os deixará sem graça na frente de seus amigos.

Seja sempre uma empresa honrável. Faça da ética parte de tudo que você faz. Seja bom com seus clientes. Fale com eles. Preencha suas necessidades. Faça com que as pessoas tenham orgulho de contar sua história para todos que elas conhecem.

A Southwest Airlines é uma das marcas mais confiáveis no mundo. Ela trata bem seus clientes, com poucos transtornos e uma atitude excelente. Ela trata bem seus funcionários, com empregos estáveis, uma política de não demissões e um pagamento decente. As pessoas gostam da Southwest. As pessoas gostam tanto da empresa que elas enviaram dinheiro para ela depois do 11 de setembro para ajudá-la.

Muitas pessoas espalham uma ótima palavra de boca a boca sobre a Southwest. Alguém tem algo bom a dizer sobre a maioria das outras empresas aéreas?

Toda empresa pode ser legal, e todo o funcionário trabalha para fazer com que sua empresa sirva melhor seus clientes.

Meu banco oferece os mesmos serviços que os outros bancos. Mas eles são realmente simpáticos. Tom e Abby se lembram do meu nome e do nome da minha esposa. Eles até se lembram do nome do meu bebê, e olha que ela não vai muito ao banco.

Eu fui cliente de três bancos importantes por 10 anos, e houve uma época que minha empresa teve mais de US$ 1 milhão em depósitos. Era muito difícil fazer com que eles descontassem um cheque para mim ou atendessem minhas chamadas. E depois de um tempo, as taxas punitivas começaram a consumir qualquer respeito que eu tinha por esta instituição vulnerável.

A palavra negativa de boca a boca vinda de pessoas como eu enviou muito dinheiro para bancos que tratam as pessoas melhores.

VOCÊ TEM APENAS DUAS ESCOLHAS: Você pode ser suficientemente especial que as pessoas querem falar sobre você ou você pode comprar propaganda. Eu acho que a propaganda é o custo por ser entediante.

Fazer um bom produto não é o suficiente para todos. Qualquer um pode fazer isso hoje em dia. Isso porque ser bom é diferente do que valer a pena falar a respeito.

Vale a pena falar sobre seu produto? De verdade? Seja honesto. Se não, chegou a hora de elevar os padrões, mudar o jogo e torná-lo digno de ser comentado.

Se você não estiver criando coisas que te façam acordar todos os dias e gritar "eu amo o que faço e estou morrendo de vontade de te falar a respeito!", então, eu o forço a fazê-lo maravilhoso, extravagante, roxo, delicioso, perfumado, engraçado, salva-vidas, incrível e muito significativo.

Você ficará satisfeito por ter feito isso. É mais divertido trabalhar em (ou ter) uma empresa que as pessoas adoram falar a respeito.

Andy Sernovitz ensina marketing de boca a boca. Ele é CEO na Gaspedal, uma empresa de consultoria de marketing de boca a boca e SocialMedia. org, a comunidade para as cabeças de mídia social nas maiores marcas do mundo. Ele ensinou Marketing de Boca a Boca na Universidade de Northwestern e Empresariado na Internet na Wharton School of Business, dirigiu uma incubadora de empresas e começou meia dúzia de empresas. Ele criou a Associação de Marketing de Boca a Boca e a Associação para Marketing Interativo.

Você pode visitar este blog incrível chamado "Damn I Wish I'd Thought of That" no http://www.damniwish.com.

A Mídia Social para Negócios.
A Perspectiva de um Carreirista

Por Shar Govindan

Não é raro encontrar um profissional de negócios com mais de 500 contatos no LinkedIn com apenas algumas centenas de amigos no Facebook e vice-versa. Existem centenas de outros *sites* de microcomunidades voltados para servir os profissionais de uma indústria específica, desconhecidos do público em geral.

Os viciados na internet tendem a criar uma conta em cada *site* de mídia social popular, mas geralmente têm um favorito.

Cada *site* oferece características aditivas para seus usuários ativos. Os *smartphones* adicionam lenham à fogueira ao oferecerem aplicativos capazes de receber atualizações instantâneas. Os grupos de viciados anônimos em mídia social estão se tornando cada vez mais populares e ironicamente os usuários buscam terapia por meio de ferramentas de comunicação oferecidas pelo mesmo *site*. Um fato pouco conhecido é que algumas empresas contratam psicólogos para ajudar a projetar um sistema que aumentará o uso de seus *sites* na internet.

O diferenciador mais importante é quais atributos alguém gosta de usar, dada a pletora de ferramentas sendo introduzidas e melhoradas na internet todos os dias. É tão simples quanto por que gostamos de certos tipos de anúncios na TV ou no rádio.

Outro motivo atraente para se associar é se o *site* é recomendado por um amigo, membro da família ou colega. O poder da palavra de boca a boca, a tábua de salvação na qual a maioria das empresas prospera ou desaparece, é o tipo mais forte e mais puro de marketing.

Parece haver uma divisão clara entre as pessoas que primariamente usam a mídia social para uso pessoal e aquelas que a usam para uso profissional. E cada grupo se pergunta qual benefício tangível o outro tipo proporciona sobre o deles.

Muitos empregadores pesquisam as páginas de perfis "pessoais" de recrutas potenciais na internet como parte de seu processo de verificação de antecedentes. O conhecimento limitado sobre como estabelecer os controles de privacidade, os quais estão em mudança constante, poderia expor os candidatos ao emprego a detalhes embaraçosos, fotos e informações que eles normalmente não iriam querer compartilhar com um entrevistador.

Os funcionários existentes não estão mais seguros. As histórias sobre pessoas que foram demitidas por terem reclamado on-line sobre seu local de trabalho ou chefe são notícias todos os dias! Assim sendo, todo tipo de mídia social deve ser governado como um negócio com consequências sérias.

No entanto, esta é uma ótima notícia para as pessoas que investem inteligentemente seu tempo para exibir seu perfil on-line e que se mantêm atualizadas sobre as tendências e notícias relacionadas ao seu setor de emprego.

Há uma equipe de pessoas de marketing por trás de cada grande *site* na internet que se reúne todos os dias, *brainstorming* ideias em como chamar nossa atenção. Por meio de nossas habilidades de "escuta seletiva", ignoramos a ideia de que todos os *sites* estão almejados a gerar receita por meio do aumento no tráfego na internet – seja através de anúncios ou assinaturas.

Podemos virar a mesa nesses *sites* comerciais e realçar a marca e comercialidade pessoal ao aprender o segredo dos profissionais.

Não estou me referindo à pílula mágica para um programa de perda de peso que te ajudará a perder 25 quilos em 30 dias ou como você consegue ter um segundo livro grátis se ligar nos próximos 15 minutos, pagando os custos de envio e manuseio separadamente. Este é o verdadeiro negócio – é um *insight* sobre como você consegue aproveitar as oportunidades escondidas e dizer muito obrigado aos patrocinadores do conteúdo na internet.

Aqui estão algumas das maneiras que os usuários experientes criam uma vantagem clara para eles mesmos ao se aproveitarem das oportunidades on-line:

UM PERFIL PROFISSIONAL. Este é mais do que apenas um currículo on-line. Além de proporcionar um resumo executivo, nível educacional, experiência e associações profissionais, os usuários de negócios conseguem solicitar recomendações de colegas, gerentes, clientes e contatos na indústria. O fato de ter várias recomendações de especialistas reconhecidos no setor adiciona uma credibilidade considerável.

UMA FOTO PROFISSIONAL. Tire uma foto sua ou faça um portfólio em um estúdio de fotos local. Este não será barato, mas é um bom investimento. Muitos fotógrafos permitem que você experimente roupas diferentes e alguns até mesmo recomendam maquiadores (mesmo para homens) que se especializam em fazer com que as pessoas fiquem fotogênicas. A sessão de fotos pode ser no estúdio ou em um ambiente de negócios como uma sala de conferência, seu escritório ou ao lado de seu jato privativo.

FEEDS DE NOTÍCIAS. Vários *sites* permitem que você se inscreva para participar de tópicos para discussão, *podcasts* ou seções de notícias de interesse. Você tem a habilidade de customizar seu navegador ou configurar sua caixa de entrada para receber artigos de notícias à medida que eles são criados. Isso economiza tempo e te permite rastrear as informações com as quais você realmente se importa.

NETWORK, NETWORK E NETWORK. Como diz o ditado, quem você conhece é mais importante do que você conhece. Não hesite em enviar uma solicitação de conexão para um associado de negócios.

E também não envie muitos pedidos de conexão não solicitados. O sistema poderá marcá-lo como um *spammer*. O domínio da arte do *networking* é altamente recompensador. Escolha com quem você quer estar associado e pergunte a alguém que ambos conhecem para introduzi-lo, se necessário. Também é educado enviar uma mensagem à pessoa de interesse antes de enviar um convite para se conectar.

CONEXÕES DE VIAGENS. Isso é o que mais se aproxima a ter um dispositivo de rastreamento global embutido no seu dente (uma nova tecnologia usada por muitos donos de animais). Falando seriamente, a publicação do itinerário de viagens permite que os profissionais se comuniquem além dos propósitos primários de suas viagens a negócios. Por exemplo, ferramentas conseguem automaticamente notificar os colegas de negócios que vivem em estados diferentes, os quais podem estar no mesmo terminal no aeroporto, em um certo dia e hora, usando suas informações de voos de conexão.

CRIE SUA PRÓPRIA COMUNIDADE OU PARTICIPE DE UMA QUE JÁ EXISTE. A maioria dos *sites* tem "grupos de interesses" que permite a discussão de tópicos relevantes. Esta é uma maneira popular de encontrar novas pessoas e fazer o *network*. Postar informações úteis ou discutir um tópico quente, como as últimas tecnologias ou leis/regulamentações que os afetam, é uma maneira excelente de ter uma conversa interessante.

Você tem a opção de criar seu próprio *site* na internet com a habilidade de postar seu perfil, *blog*, postagem para o Facebook, link para o YouTube, tuitar diretamente, subscrever para *feed de notícias* e revistas eletrônicas de seus *sites* favoritos automaticamente, ou pegue um *site* na mídia social que permite a integração com outros *sites* na internet.

Em outras palavras, você pode viver na internet em uma propriedade grátis ou alugada, ou ter sua própria casa.

A última tendência é o número crescente de *sites* de nicho que almejam um grupo específico de profissionais. Esses portais são muitas vezes criados por uma organização líder no setor ou fornecedor.

Por exemplo, pode haver um *site* apenas para engenheiros civis, oferecendo um fórum, notícias, páginas amarelas, classificados, bate-papo, *blogs*, artigos, livros e DVDs, empregos, concursos e oportunidades de *networking* social relevantes àquela indústria.

A capacidade de fazer o *network* dentro de uma comunidade específica com interesses comuns proporciona um valor incrível. Os profissionais conseguem discutir ideias, resolver problemas, recomendar livros, se preparar para certificações e fazer um *network* sem ter de ir a uma conferência ou reunião.

A mídia social para negócios está ganhando popularidade e também atraiu fraudadores tentando fazer um dinheirinho fácil. Já que a maioria das pessoas está cansada de dar suas informações bancárias para ajudar a transferência de US$ 15 milhões em dinheiro para a "Sra. Mogabu Dobova, a viúva de um ex-presidente de um país estrangeiro", parece haver novas maneiras com as quais nos precavermos.

Alguns meses atrás, recebi um telefonema de "Who's Who" (Quem é quem) com o mesmo nome da famosa instituição de ensino. A mulher queria me entrevistar após ler sobre todas as minhas conquistas profissionais em um *site* de mídia social. Após fazer uma série de perguntas jornalísticas e parecer verdadeiramente interessada em minhas conquistas, acariciando meu ego durante a conversa, ela declarou que agora sou elegível para aparecer em seu diretório exclusivo de quem é quem e solicitou uma foto minha.

Além dessa listagem de VIPs, eu também receberia um certificado, uma passagem com acompanhante em uma linha aérea e panfletos especiais. Tudo que a mulher queria em troca eram as informações do meu cartão de crédito para processar a listagem, uma quantia de US$ 1.100 por uma listagem Platinum. Nada mal para um telefonema de 30 minutos e uma proposta totalmente legítima (brecha) porque era para uma listagem de diretório. Ao sentir minha hesitação, ela me ofereceu cinco opções de preços diferentes, chegando a US$ 50.

(Uma pesquisa on-line rápida revelou que esta empresa havia fraudado profissionais inocentes que tiveram dificuldades em obter seu dinheiro de volta. Eles também não eram afiliados à instituição de ensino e simplesmente escolheram seu nome porque soa crível.)

Outra fraude popular são as empresas que trabalham com candidatos a empregos prometendo a eles listagens de empregos exclusivas que não estão em nenhum outro lugar mediante o pagamento de uma taxa. É sempre uma boa ideia checar as "ofertas especiais".

Enquanto os *sites* na mídia social competem para revolucionar nossa experiência na internet e aumentar os registros, eles também oferecem a plataforma perfeita para indivíduos e empresas se tornarem populares em seus segmentos. Cada um desses *sites* oferece uma maneira barata e eficiente de ser o guru de marketing para sua marca mais importante, V-O-C-Ê!

Shar Govindan trabalha como diretor técnico global para uma empresa de software de engenharia baseada em Texas. Ele tem MS em Engenharia Ambiental na Universidade de Connecticut. Ele é autor de vários artigos técnicos e um apresentador frequente em conferências de engenharia, GIS e CAD. Shar tem sido um pioneiro de vários sites *da mídia social e os usa para fazer o network profissionalmente todos os dias.*

Como hobby, Shar criou sua primeira comunidade em 1995 e projetou várias centenas de sites *desde então.*

Visite o seu perfil no LinkedIn no http://www.linkedin.com/in/sharavan.

Você É um Funcionário ou uma Pessoa?

A mídia social para negócios não é apenas uma oportunidade. É também um obstáculo. Muitas empresas têm regras, regulamentações, políticas e barreiras que poderão te impedir de usar alguma ou todas as formas de mídia social que incluem seus nomes comerciais.

AÇÃO: Continue sendo um funcionário, mas se divorcie da empresa como uma pessoa. Não existem regras que te impeçam de participar em qualquer mídia social como *ser humano*.

Se você está no setor bancário, de seguros, farmacêutico ou qualquer outro negócio que tenha um departamento jurídico que começa com a palavra **não** e termina com a palavra **não**, então tire o nome comercial de tudo que você faz.

Você pode tuitar ou blogar a respeito e escrever no Facebook sobre os aspectos do seu relacionamento que os clientes e prospectos consideram significantes, nunca mencionando o nome de sua empresa ou sua afiliação com ela.

Não existem regras contra dizer às pessoas sobre o melhor lugar para tirar umas férias de final de semana, como manter o gramado na frente de sua casa seguro, como reduzir os custos de calefação e ar condicionado em sua casa ou suas filosofias e *insights* sobre a vida.

VEJA BEM: Deixe de fora as ofertas para comprar.

Em vez disso, crie oportunidades que lhe permitirão se conectar e as oportunidades de se reunirem e se encontrarem. Um seminário, um evento de *networking*, mesmo uma festa.

Faça com que as informações sejam valiosas, e eu garanto que elas serão encaminhadas. A mídia social para negócios é uma oportunidade para você construir sua própria marca pessoal, sua própria conscientização pessoal, sua rede pessoal e sua reputação pessoal.

Sim, é preciso um pouco de audácia, mas esta te salvará da vergonha, e perda de terreno, por não ter feito nada.

CONSIDERE O SEGUINTE: Suponha que você saia de seu emprego amanhã, ou é despedido temporariamente ou demitido. A primeira coisa que seu novo empregador prospectivo fará, quando te considerar para uma vaga, será checar seu *status* on-line e sua classificação no Google.

No mundo de empregos de hoje, você não precisa de um currículo porque sua classificação no Google, sua presença na mídia social e sua presença on-line no geral falam mais alto do que o que seu professor de educação física (de 20 anos atrás) acha de você.

Há uma grande diferença entre referências e reputação.

E se você estiver em vendas, as únicas pessoas para quem eu ligaria pedindo referências seriam seus clientes anteriores.

ÚLTIMO AVISO: Se você se sente frustrado pelo o que você não pode fazer, comece a fazer o que você pode.

Seu Plano de Ação da Mídia Social para Negócios (Pessoal)

Independentemente de onde você estiver na construção ou operação de seu alcance na mídia social para negócios, estou lhe pedindo que dê outra olhada e pense novamente sobre o processo porque as chances são de que você começou pelos motivos errados: dinheiro e vendas.

A respeito da sua página de negócios no Facebook, sua conta no Twitter, suas conexões no LinkedIn e seu canal no YouTube – faça a você mesmo as perguntas seguintes (para cada uma das quatro mídias sociais individualmente):

- O que eu espero alcançar?
- Quem estou querendo atrair, engajar e me conectar?
- Quem me ajudará a projetar?
- Quem me ajudará a lançar?
- Quem me ajudará a postar?

- Quem ficará encarregado desse processo em curto prazo?
- Quem ficará encarregado desse processo em longo prazo?
- Eu preciso de ajuda profissional?
- Quanto tempo estou disposto a alocar todos os dias?
- Com que frequência me comprometo a fazer atualizações?
- Que tipo de mensagem de valor vou oferecer?

As respostas para essas perguntas (escritas) criarão estrutura e arquitetura para todo seu plano de ação da mídia social para negócios. Elas também determinarão sua estratégia para atrair, engajar e se conectar.

Para sua sorte, a maioria das pessoas começou uma página no Facebook porque seus vizinhos ou seus amigos fizeram uma. Não faça isso. Comece (ou recomece) seu alcance na mídia social para negócios com um propósito, plano e projeto. E comece (ou recomece) com o entendimento do que você quer alcançar. Não apenas uma meta para lançar, mas também uma meta para atrair, para engajar, para conectar e para o que você quer que seja o RESULTADO.

O que quer que faça, não siga o dito lamentável "Comece com o fim em mente". A população do mundo dos negócios nunca viu uma declaração mais falsa e insignificante.

Eu diria: "Comece com o resultado definido".

Se você não começar *sabendo o que quer realizar*, e *como você pretende realizá-lo*, então não comece.

A mídia social para negócios é muito diferente e muito mais poderosa do que a mídia social. A mídia social para negócios lhe permitirá manter os clientes leais existentes, atrair novos clientes, construir sua reputação e criar mais conscientização da marca do que você conseguiria com um anúncio de página inteira todas as semanas na revista *Time*, ou um anúncio de página inteira todos os domingos no *The New York Times*.

MATEMÁTICA: Esses anúncios custarão milhões por ano e lhe garantem NADA. A mídia social para negócios é grátis e um milhão de vezes mais poderosa, mais autêntica e mais valiosa.

Se feita corretamente, a mídia social para negócios o coloca em contato direto de um para um com os clientes que pagam. É um plano de ação que você pode levar para o banco.

O Ace of Sales (Ás de Vendas) Está Pronto para a Mídia Social

Há uma ferramenta de vendas que imediatamente fará o *link* e lhe permitirá postar no Facebook, Twitter e LinkedIn. Ela é chamada Ace of Sales (Ás de Vendas). E é a única ferramenta deste tipo. Ela é convenientemente localizada no http://aceofsales.com e a mídia social para negócios é apenas uma parte pequena do que o Ace of Sales pode fazer para ajudá-lo numa venda.

O Ace of Sales contém a cola da mídia social e a cola das vendas:

- **Ela importará todos seus contatos do Outlook em aproximadamente 3 minutos.**
- **Ela tem e-mails customizados para que seus e-mails não se pareçam com os dos outros.**
- **Ela tem a habilidade de enviar um cartão de aniversário, uma nota de agradecimento ou um cartão postal apenas para dizer "Olá".**
- **Ela tem um modelo de uma revista eletrônica que lhe permitirá ficar em contato com uma mensagem de valor para todos os clientes, toda semana.**
- **Ela pode ser usada com qualquer CRM.**
- **Ele lhe permitirá criar uma campanha de vendas autêntica para qualquer cliente individual ou prospecto.**

O Ace of Sales também contém mais de 100 vinhetas do meu treinamento de vendas. Você terá a oportunidade de aprender com os meus curtas como fazer videoclipe sobre como lidar com qualquer cenário de vendas no ciclo de vendas, quer você esteja on-line ou cara a cara.

O BOM NEGÓCIO: Os primeiros 45 dias de assinatura do seu Ace of Sales são grátis quando você usa o código promocional: SOCIALBOOM. Ele também lhe permitirá enviar dois cartões grátis (eu recomendo que você envie um para você mesmo).

Quando você vir como este software é fácil de usar, e quando você vir como seus e-mails e correspondências são impactantes, você se perguntará por que sua assinatura custa apenas US$ 20 por mês (há uma pequena cobrança para enviar os cartões e a revista eletrônica).

A vantagem na mídia social que você terá com sua página no Ace of Sales coloca tudo a um clique e lhe permite ver os tuites, postagens e conexões em tempo real. Milhares de pessoas estão nele. Seja uma delas.

FAÇA A VOCÊ MESMO ESTA PERGUNTA DIVERTIDA, PORÉM PODEROSA: Você quer ser um Ás em Banco de Dados, um Ás na Mídia Social e um Ás de Vendas?

Fórmula para o Sucesso da Mídia Social para Negócios: Atrair, Engajar e Conectar Pessoas

A melhor maneira de realizar todos os três elementos desta fórmula é com valor.

Todos querem saber se há uma fórmula secreta para o sucesso da mídia social para negócios e a resposta é sim. A fórmula é, na realidade, um processo. Você pode não gostar da fórmula porque ela requer trabalho. Trabalho árduo. Mas posso te prometer que você gostará das recompensas financeiras que resultam do trabalho árduo.

Após ter criado todas as suas páginas e contas na mídia social para negócios, você precisa fazer um começo. O começo lida com a palavra atração.

O que você tem de atrativo? Ou melhor dizendo, *o que você fez no passado para ter certeza de que você atrairá no presente e no futuro?*

Após atrair, você precisa engajar.

Sua habilidade para engajar é baseada na sua experiência, suas ideias, sua sabedoria, seu domínio de um único assunto e mesmo seu humor. Mas, qualquer que seja, quando você atrai alguém, você então tem a oportunidade (enorme) na mídia social para negócios de engajá-los.

PENSE NISTO: Você é um evento global de *networking*. Existem centenas de milhões de pessoas que participam. Seu trabalho é engajar sua participação justa.

Se você os atraiu apropriadamente, e os engajou intelectualmente, ou mesmo monetariamente (como uma venda potencial), agora, e somente agora, é possível que eles se conectem com você.

Você pode atrair, você pode engajar, mas se as mensagens não estiverem corretas, ou não existir o sentimento de valor, eles se *desengajarão* e sairão da sua página ou do seu *site* sem se conectar com você.

VEJA BEM: As conexões são a base para o seu sucesso, e elas também são a fundação para seu crescimento. Não simplesmente falando para os outros, mas mantendo a conexão com eles. É por isso que todo este livro estressa a palavra *consistência*.

Não vou ficar esperando você postar todos os meses, mas ansiosamente anteciparei sua mensagem pela qual serei atraído e engajado toda semana.

Atrair. Engajar. Conectar.

Há um elemento que faz com que esta fórmula funcione além de todas as expectativas. Este elemento é a palavra *valor*. Não apenas a palavra, mas sim as ações e palavras que você coloca no processo de criação de valor.

> **Atraia com esperança, ofereça uma mensagem de valor, engaje com valor percebido e conecte com valor quantificável. Agora a fórmula está completa. Atrair, engajar e conectar com valor.**

A fórmula para o
Sucesso na Mídia
Social para Negócios:

Atrair Pessoas
Engajar Pessoas
Conectar Pessoas

A melhor maneira de
realizar todas as três
é com valor.

JEFFREY GITOMER

Eu Posso Ajudá-lo pessoalmente em sua Busca pelo BOOM de Mídias Sociais!

Muitas empresas (talvez a sua) querem seguir em frente, mas não têm certeza do plano de ação correto, muito menos de algo correto para postar.

Eu posso ajudá-lo.

Muitas empresas (talvez a sua) querem criar ou recriar políticas a respeito do uso e participação na mídia social para negócios.

Eu posso ajudá-lo.

Eu posso fazer uma consultoria com você, eu posso criar planos de ação para você, eu posso ajudar a criar suas diretrizes para uso e eu posso realizar um seminário customizado, personalizado, para qualquer número de pessoas, em sua empresa. Eu posso ajudar a criar e gerar sucesso individual na mídia social para negócios.

Favor contatar meu escritório com pessoas amigáveis e úteis.

Jeffrey Gitomer
704-333-1112

Este Livro Nunca Vai Acabar...

Eu criei uma comunidade on-line de mídia social para negócios. Entre na discussão no http://www.BusinessSocialMedia.com.

O *site* concede a você, e a todas as pessoas no mundo, uma chance de contribuir com ideias, fazer perguntas e compartilhar histórias de conquistas. Ele contém respostas, atualizações e novos desenvolvimentos para ajudá-lo a ganhar maior exposição e sucesso.

O *site* contém grupos de discussão com conjuntos de mensagens contínuas elaboradas para ajudá-lo a ganhar mais resultados bem-sucedidos na mídia social para negócios.

A mídia social para negócios evolui diariamente, e é minha meta e intenção manter essas informações atuais por meio de reuniões on-line e locais para discussão.

Por favor, participe,
Por favor, compartilhe ideias.
Por favor, faça perguntas.

JEFFREY GITOMER

Diretor Executivo de Vendas

AUTOR: Jeffrey é autor dos *best-sellers* do *The New York Times A Bíblia de Vendas, O Livro Vermelho de Vendas, O Livro Negro do Networking* e *O Livro de Ouro da Atitude Yes*. Todos os seus livros foram *best-sellers* número um no amazon.com. Os livros do Jeffrey já venderam milhões de cópias no mundo todo.

EM FRENTE A MILHÕES DE LEITORES TODA SEMANA. A coluna divulgada do Jeffrey, *Sales Moves*, aparece em várias publicações de negócios e jornais nos Estados Unidos e na Europa, e é lida por mais de quatro milhões de pessoas toda semana.

SALES CAFFEINE. A revista eletrônica semanal do Jeffrey, *Sales Caffeine*, é uma chamada semanal para despertar, entregue toda terça-feira pela manhã para mais de 500.000 assinantes no mundo todo, sem custo. A *Sales Caffeine* permite que o Jeffrey comunique informações valiosas de vendas, estratégias e respostas para os profissionais de vendas em tempo oportuno. Para assinar, ou para mais informações, visite http://www.salescaffeine.com.

MAIS DE 100 APRESENTAÇÕES POR ANO. Jeffrey realiza seminários públicos e corporativos, preside reuniões anuais de vendas e conduz programas de treinamento ao vivo e pela internet sobre vendas, lealdade dos clientes e desenvolvimento pessoal.

AVALIAÇÃO ON-LINE DAS VENDAS. A primeira avaliação de vendas customizada do mundo, renomeada de *"sucessment"*, julgará seu nível de habilidade de vendas em 12 áreas críticas de conhecimento de vendas e lhe dará um relatório diagnóstico que inclui 50 minilições de vendas. Esta ferramenta notável lhe ajudará a classificar suas habilidades em vendas e explicar suas oportunidades para crescimento de vendas. Este programa é competentemente chamado de KnowSuccess porque você não consegue conhecer o sucesso se não se conhecer.

CORREDOR DA FAMA DE PALESTRANTES. Em 2008, Jeffrey foi eleito pelos seus colegas para o Corredor da Fama de Palestrantes da Associação Nacional de Palestrantes. A nomeação, CPAE (*Counsel of Peers Award for Excellence*), honra palestrantes profissionais que chegaram ao escalão principal de excelência no desempenho.

NA INTERNET. Os *sites* do Jeffrey na internet, WOW, recebem mais de 100.000 visitas por semana de leitores e participantes nos seminários. Sua presença de vanguarda na internet e habilidade no comércio eletrônico estabeleceram o padrão entre os colegas, e ganhou enormes elogios e aceitação dos clientes.

TREINAMENTO DE VENDAS ON-LINE TRAINONE. Lições premiadas de treinamento de vendas on-line estão disponíveis no http://www.trainone.com. O conteúdo é puramente Jeffrey – divertido, pragmático, mundo real – e pode ser imediatamente implementado. A inovação do TrainOne está liderando o caminho no campo de aprendizado eletrônico customizado.

PRÊMIO PELA EXCELÊNCIA NA APRESENTAÇÃO. Em 1997, Jeffrey recebeu a designação de Certified Speaking Professional (Palestrante Preofissional Certificado) pela National Speakers Association (Associação Nacional de Palestrantes). O prêmio CSP foi concedido pouco menos que 500 vezes nos últimos 25 anos, sendo o maior prêmio concedido pela associação).

ACE OF SALES. O primeiro programa que realmente te ajuda a fazer uma venda! Quer fazer mais vendas, fechar mais negócios e desenvolver relacionamentos leais? Ace of Sales é o bilhete dourado de vendas e dá a você e ao seu pessoal as ferramentas e treinamento para atrair, engajar, diferenciar, agradecer, ficar em contato e surpreender os clientes. Para assinar, visite http://www.aceofsales.com.

SALESBLOG.COM. Entendendo a importância de transferir informações que sejam em tempo oportuno e úteis, o *blog* de vendas adiciona transferência de multimídia para o alcance do Jeffrey. Faça o *logon*, se registre e fique em dia com as informações para desenvolver suas vendas e sucesso.

TREINAMENTO EM LIDERANÇA RESISTENTE À ADVERSIDADE. Buy Gitomer e TrainOne fizeram parcerias com O Centro para Estudos sobre Liderança e agora oferecem um curso em Liderança Resistente à Adversidade. Este programa dinâmico testará seus pontos fortes, exporá suas vulnerabilidades e reforçará sua resistência à adversidade como líder e como pessoa. Para mais informações, ligue para 704/333-111.

CLIENTES DE GRANDES CORPORAÇÕES. Os clientes do Jeffrey incluem Coca-Cola, GE, Oracle, US Foodservice, Caterpillar, BMW, Verizon Wireless, CHUBB, MacGregor Golf, Ferguson Enterprise, Kimpton Hotels, Hilton, Enterprise Rent-A-Car, Ameripride, NCR, Thomson Reuters, Comcast Cable, Raymond James, Liberty Mutual Insurance, Principal Financial Group, Wells Fargo Bank, Monsanto, BlueCross BlueShield, Carlsberg, Wausau Insurance, Northwestern Mutual, MetLife, Sports Authority, GlaxoSmithKline, AC Nielsen, IBM, *The New York Post* e centenas de outras empresas.

http://www.facebook.com/JeffreyGitomer
http://www.twitter.com/gitomer
http://www.youtube.com/BuyGitomer
http://www.linkedin.com/in/jeffreygitomer

Outros títulos de Jeffrey Gitomer

A BÍBLIA DE VENDAS
(M.Books, 2011)

O LIVRO AZUL DA CONFIANÇA
(M.Books, 2011)

O LIVRO PRATA DO DINHEIRO EM CAIXA – DIN DIN!
(M.Books, 2010)

O LIVRO VERDE DA PERSUASÃO
(M.Books, 2010)

O LIVRO DE OURO DA ATITUDE YES!
(M.Books, 2008)

O LIVRO NEGRO DO NETWORKING
(M.Books, 2007)

O LIVRO AZUL DE RESPOSTAS DE VENDAS
(M.Books, 2008)

O LIVRO VERMELHO DE VENDAS
(M.Books, 2004)